Le Traité
du Samouraï Moderne

Aux éditions Viamédias
extraits du catalogue

LA LOI DE L'ATTRACTION
Michael J. Losier

L'IMAGERIE MENTALE
Terry Schwartz

CHOISIR L'ABONDANCE
Line Bolduc

30 MENSONGES SUR L'ARGENT
Peter Kœnig

VITALISEZ VOTRE EAU
Eckhard Weber

LE TRÉSOR OUBLIÉ DE L'ARC-EN-CIEL - Tome I
Le rayon rouge
Martine Dussart

Maquette couverture : Cyril Campo

Sanaga - BP 320 - 89005 AUXERRE
Tél : 03 86 98 22 15 - Fax : 03 86 98 22 17
courriel : viamedias@neuf.fr
ISBN 978-2-35666-007-7

Serge Laflamme

Le Traité du Samouraï Moderne

Viamédias

*Upanishad**

Une légende hindoue raconte qu'il y eut une époque où tous les hommes étaient divins. Mais ils firent un si mauvais usage de leur divinité que Brahma décida de la leur reprendre et de la cacher à un endroit où il leur serait impossible de la retrouver.

Lors du conseil des dieux, ceux-ci lui conseillèrent d'enfouir la divinité de l'homme dans la terre. Mais Brahma répondit : « Non, cela ne suffit pas parce que l'homme creusera et la trouvera ! » Alors, les dieux proposèrent de la cacher dans le plus profond des océans. Mais Brahma répondit à nouveau : « Non, car tôt ou tard l'homme explorera les profondeurs de tous les océans, et il est certain qu'un jour il la trouvera et la remontera à la surface. » Alors les dieux conclurent : « Nous ne savons pas où la cacher, car il ne semble pas exister sur terre ou dans les mers d'endroits que l'homme ne puisse atteindre un jour. » « Si, dit Brahma, il y en a un. Nous la cacherons au plus profond de lui-même parce que c'est le seul endroit où il ne pensera jamais la chercher ! »

Depuis ce temps-là, conclut la légende, l'homme a fait le tour de la terre, grimpé les montagnes, exploré les fonds des océans, en quête de ce trésor qui est caché à l'intérieur de lui-même.

---

*Upanishad : écrits philosophiques hindous.

Pour aller de l'avant,
il ne faut pas refaire l'Histoire, mais innover.
Nous devons ajouter quelque chose à l'héritage de nos ancêtres.

Mahatma Gandhi

Prologue

Chercheur de vérité

Do

CHERCHEUR DE VÉRITÉ
DO

Je cherche la vérité humblement
mais avec beaucoup d'ardeur.
Mahatma Gandhi

Do, mot japonais signifiant voie, chemin, but. Il exprime un cheminement spirituel et éducatif, une progression vers l'union du corps et de l'esprit dans une discipline spécifique. Dans un contexte plus général, le mot Do exprime notre vérité personnelle, notre cheminement dans la vie.

Vancouver, Canada. Un matin d'hiver de l'année 1995, la vie me combla mystérieusement de sa magie. Dans le silence de mon appartement, à demi réveillé, bien conscient dans mon corps, mais encore baigné dans les mystères du rêve, ma conscience, à la fois dans le réel et l'imaginaire, plongea dans un autre monde, devenant ainsi une réalité manifeste.

Il y avait de la lumière partout. Une lumière si étincelante qu'il n'y a aucun mot pour la décrire. Mon cœur baignait de joie et d'amour. Étendu sur mon lit, je me sentais dans mon corps et simultanément me percevais marchant dans cette lumière. C'était grandiose et tellement simple à la fois. Tout s'amplifiait au rythme de ma surprise. Soudain, une porte apparut et s'ouvrit progressivement sur une lumière encore plus intense, dans laquelle un homme d'un certain âge se révéla. Tendrement, sans un mot, il me sourit, me magnétisant par son regard de pureté. Je ne l'avais jamais vu auparavant, pourtant il me semblait le connaître depuis toujours. J'avais le pressentiment qu'il voulait me parler.

Subitement la peur m'envahit. L'état de béatitude dans lequel je baignais disparut brusquement. Dans l'incapacité de maîtriser cette peur et dans un acte de bravoure échoué, je me levais d'un bond, tel un ressort jaillissant d'une boîte à surprise. Qui était cet homme ? Pourquoi ai-je eu si peur ? Paralysé par cette mystique expérience, il me fallut pratiquement toute la journée pour revenir présent à la réalité.

Un mois plus tard environ, lors d'une promenade, je ressentis un impérieux besoin d'écrire. Emporté par mon crayon, dansant, virevoltant et noircissant les feuilles blanches devant moi, je découvris avec étonnement une magnifique histoire. J'étais dépassé autant par le sens qui m'échappait que par l'inspiration soudaine et ininterrompue qui m'avait envahie. Cette histoire devint avec les années un petit conte intitulé Satori.

À la suite de ces deux événements, ma vision de la vie se modifia peu à peu. Je plongeais plus intensément dans une recherche spirituelle déjà entamée quelques années auparavant afin d'en comprendre un peu plus sur le sens de l'existence et surtout sur moi-même. L'adage : *connais-toi et tu connaîtras le monde* devint un précieux guide à suivre dans l'exploration de mon chemin de vie. Un goût de simplicité, guidé par la sagesse du moment présent, m'attirait de plus en plus. Tranquillement, ma vie changeait de couleur. Un jardin nouveau fleurissait en mon intérieur.

Janvier 1999.
Près de quatre années s'étaient écoulées depuis ces deux expériences empreintes de mystère. N'étant plus certain des valeurs, ou plutôt de l'absence de valeurs, et des dogmes qui nous sont imposés, je décidais

de vendre le superflu de ma vie et d'entreposer l'essentiel de mon passé afin d'être libre pour ma quête de vérité.

Face à l'inconnu, je restais convaincu que l'école de la vie m'attendait quelque part. Je ne savais pas ce qu'elle me réservait, mais envahi par un vent de liberté et de légèreté, je la respirais à pleins poumons...

Synchronicités et arcanes du destin m'avaient poussé sur les terres d'Orient : l'Inde, deuxième pays le plus peuplé de la planète. Mais je l'appellerais plutôt, l'Inde Sacrée où la religion est intimement liée à presque tous les aspects de la vie. Ce pays tant parlé et si convoité, cette terre de contraste, autant ethnique, linguistique, religieuse que géographique. Mon intérêt pour cette grande démocratie du monde est né en mon cœur par les incroyables histoires de certains personnages : le Mahatma Gandhi, cette Grande Âme, qui a su nous enseigner les vertus de la non-violence ; Mère Térésa, exemple extraordinaire du don de soi et de partage ; et celle d'un modèle véritable de sagesse et de compassion, le Dalaï-lama, chef spirituel et porte-parole politique du peuple tibétain, prix Nobel de la Paix, exilé en Inde depuis 1959.

Les rayons du soleil matinal qui frappaient les vitres de l'autocar me faisaient découvrir la beauté des montagnes himalayennes du nord de l'Inde. Mon regard palpitait devant la réalité de cette destination qui se dessinait à travers la fenêtre de l'autobus : Dharamsala-McLeod Ganj. Dharamsala, village indien construit au bas de la montagne et McLeod Ganj situé plus haut dans la montagne, mon lieu de destination, où est abrité le gouvernement tibétain en exil depuis 1959. Je savourais chaque seconde et gravais chaque vibration dans ma banque de souvenirs.

J'ai l'intense conviction que je n'étais pas venu dans ce village du nord de l'Inde par hasard, mais que j'avais été guidé.

L'énergie du Dalaï-lama recréé à Dharamsala-McLeod Ganj une odeur de Tibet en Inde et illumine cette région où vivent harmonieusement Tibétains, Indiens et touristes pèlerins. Chaque jour, les regards s'entrecroisent de *Tashi delek* et de *Namasté*. Les expressions Tashi delek pour les Tibétains, et Namasté, pour les Indiens, signifient, entre autres, *je salue l'ami en toi* et peuvent même se traduire par *je salue le Dieu en toi.* Saluer et se faire saluer régulièrement et quotidiennement diffèrent de la froide indifférence de nos grandes villes prospères, dites modernes. Mon état d'âme en ces premiers jours de 1999 pouvait facilement se comparer à celui d'un enfant flottant de bonheur et de découvertes, les yeux grands ouverts face aux signes que la vie m'envoyait afin de mieux comprendre pourquoi mon destin m'avait parachuté en ces terres de plénitude.

J'appris quelques jours plus tard l'existence d'un chemin sacré. Ainsi, un bon matin marchant tranquillement avec curiosité et respect sur ce sentier de contemplation, apparut devant moi une arche formée d'une branche de rhododendrons. Cette porte créée par la nature était signée de l'empreinte des moines et des nonnes, qui par leur toucher, l'avaient naturellement sacralisée. Soudain qu'aperçus-je devant moi ? Cachée derrière l'arche se dressait une sculpture blanche. J'étais abasourdi, ce montage de pierres blanches était une copie conforme d'un samouraï ! Je m'avançais et me plaçais à ses côtés. Mon regard devenant le sien, je constatais avec stupéfaction que j'étais face à une montagne. C'était incroyable ! Un lumineux samouraï tout blanc face et dans la montagne ! Je croyais rêver. Que se passait-il ?

Dans le conte *Satori* écrit en 1995, je raconte l'histoire d'un homme qui lors d'un rêve fait un voyage dans les univers de sa conscience où il est accueilli par un étrange sage demeurant dans une mystérieuse montagne. Au travers d'une quête initiatique, celui-ci le guide dans les terres d'éveil de son esprit vers la découverte de sa vieille âme de samouraï. À son réveil, il a presque tout oublié de son aventure. Mais, l'instant d'un éveil, ses dualités intérieures ont fait place à un regard nouveau et harmonieux et il découvre à sa grande surprise un médaillon ramené de son incroyable périple, celui-ci lui confirmant que l'invisible et le visible ne font qu'un et qu'il suffit tout simplement de trouver la porte.

Ce samouraï de pierres était comme le médaillon du conte *Satori* ! Ce conte spirituel était en quelque sorte une prophétie de mon futur et devenait en ces instants ma réalité… L'étrange sensation que le personnage me rattrapait, ou peut-être était-ce ma réalité qui rejoignait la fiction que j'avais écrite ? !

Durant plusieurs jours, je tentais de recueillir des renseignements pouvant m'aider à comprendre cette étrange coïncidence. Les premières informations m'apprirent que ce montage mystique de pierres avait été fait dans un but d'offrandes pour la paix et l'harmonie mondiale. Exactement le sens et l'orientation de mon petit conte ! Le plus surprenant aussi était que personne ne connaissait la signification du mot samouraï et encore moins l'histoire de ces valeureux guerriers japonais ! Quelqu'un aurait construit cette sculpture sans la moindre présomption ou prétention de fabriquer un samouraï. J'en déduisais que cette personne avait été guidée par la même vibration qui quatre ans auparavant m'avait inspiré cette histoire. Je restais sans voix devant ce mystère de la vie…

De méditation en méditation, de visite en visite à ce samouraï magique, j'essayais de découvrir la signification de cette énigme. Étant certain que cette découverte était beaucoup plus profonde qu'une simple coïncidence ou énergie de synchronicité, chaque fois que j'étais en sa présence, des vibrations presque palpables semblaient vouloir me transmettre quelque chose. Au plus profond de mes silences, les mots *lumière blanche* m'étaient constamment soufflés.

Un matin, lors d'une de mes promenades quotidiennes sur ce chemin sacré, je vécus le comble du mystère. Derrière le samouraï était accroché un calendrier portant l'inscription : *Kalachakra pour la paix dans le monde - 1995 année de bois et du cochon.*

Kalachakra, la roue du temps. Un des secrets ésotériques du bouddhisme tibétain devenu un des plus complets entraînements spirituels. Cet enseignement œuvre pour la paix dans le monde afin de vivre en harmonie dans la libération des souffrances, ainsi que pour un bonheur mutuel, dans un environnement revitalisé et dépollué des énergies négatives et destructrices. 1995 est l'année où j'écrivis cette fameuse histoire devenue au fil du temps mon petit conte, *Satori*, et dans l'astrologie chinoise et tibétaine, l'année du cochon correspond à mon année de naissance ! À partir de cette seconde découverte, je poussais encore plus loin mes recherches, à savoir, qui avait accroché ce calendrier ? Quel était mon lien avec ce samouraï ?

Une nuit, je suis allé le revoir pour découvrir quelqu'un ou quelque chose... D'un point de vue rationnel, je vous confirme que je suis revenu bredouille. Mais en écoutant le silence de cette mystique statue, jumelée à la douce mélodie de la nuit, une inspiration m'est venue...

Cette sculpture d'énergie cosmique, ce mystérieux samouraï-ami, tel un petit prince rencontré sur mon chemin de vie, me transmettait des convictions, qui sans être des preuves, devenaient à travers le mouvement de mon crayon, plus irréfutables que des preuves. Je sentais et percevais qu'une force ancestrale m'avait guidé exactement à cet endroit, qui probablement, m'attendait depuis longtemps. J'étais face à un authentique miroir de la vie d'une inexplicable intensité, comme si le surnaturel devenait réel, matérialisant l'invisible en une réalité physique et palpable. Je ne savais plus quoi penser. Je décidais justement d'arrêter de penser et me laisser guider par cette énergie en retranscrivant feuille par feuille l'aventure que je vivais et reconstruisis pas à pas ma vie qui semblait se dessiner à chaque instant et à chaque respiration. Cette aventure devint par la suite mon premier livre intitulé *Le Samouraï de lumière*. J'étais dorénavant libre de voyager, bien enraciné dans notre réalité, ma conscience souriant à l'invisible. Voyage parallèle entre deux mondes évoluant dans des dimensions différentes, mais devenues si semblables par mon regard intérieur et les vibrations de mon cœur.

Le sentier où était situé le mystérieux samouraï me conduisait quotidiennement dans le temple Kalachakra. Ce temple jumelé à celui du Dalaï-lama forme les principaux bâtiments du monastère Namgyal. Ainsi, ce lieu saint devenait à son tour complice avec le samouraï de pierres. Mon rituel consistait à m'asseoir en position de méditation face aux fresques murales empreintes de beauté et de mysticisme. Mes yeux ouverts sur l'infini, sentant l'énergie ancestrale danser sur les murs, le regard fixe et concentré, j'étais porté par le silence résonnant de partout et un jour apparut des profondeurs de mon être le fil conducteur reliant ma vie au sens de la vie. Ces murs devinrent les miroirs de mon âme. Il était clairement perceptible que mon karma me confrontait à qui j'étais. Mon cœur ne se comblait, ni ne se satisfaisait à continuer à vivre que pour moi. Je me rendais compte que depuis très longtemps je ne vivais que pour ma petite personne.

La voie d'un Boddhisattva (terme sanscrit signifiant : *celui dont l'esprit est éveillé et qui agit avec courage*) est l'état idéal de l'esprit que doit atteindre tout bouddhiste tibétain. Cultivant la compassion, le Boddhisattva a transcendé son ego et voue sa libération, sa réalisation au service envers autrui, au bien-être envers la vie.

Là est ma voie, là est mon chemin, je trouvais enfin le sens à ma vie. Étant donné que je n'appartiens à aucune religion, bien que je sois baptisé catholique, et découvrant agréablement le bouddhisme, mon esprit tenait à ne point perdre sa liberté. Inspiré des mêmes qualités d'esprit qu'un Boddhisattva, en tant que professionnel des arts martiaux, ce sont mes vœux de samouraï moderne qui se manifestaient dans le temple Kalachakra.

Je venais de trouver la clé à ma quête de vie : marier l'art martial à une profonde et authentique spiritualité. C'était l'équation *sine qua non* pour continuer à évoluer sereinement sur cette voie dans laquelle j'avais débuté dans les années 1970. La vibration de mon âme était déçue par les arts martiaux tels que je les avais appris, pratiqués et enseignés. J'avais la conviction et je l'ai encore plus aujourd'hui que le sacré de la vie et des arts martiaux a perdu son essence de vérité au contact du monde occidental.

Alors, que veut dire être un samouraï moderne ?

Le samouraï était l'élite guerrière du Japon, un guerrier doté d'une éthique hors du commun. Pendant longtemps le samouraï a été un modèle de vertu, de bravoure, de fidélité et de courage à toute épreuve. Le mot samouraï peut aussi se traduire par *servir*, ce qui nous amène à l'esprit du chevalier servant, preux, noble et loyal.

Le ronin, quant à lui était un personnage très paradoxal : un guerrier professionnel qui pour différentes raisons était sans maître. Aussi bien mercenaire que héros, ces samouraïs errants, bandits de grand chemin ou justiciers redresseurs de torts au service des faibles, parcouraient leur route au-delà de la vie et de la mort. Ronin peut aussi signifier *celui qui protège, celui qui défie ce qui est injuste.* Son jumeau occidental est surnommé le chevalier errant, il était décrit par les poètes du moyen-âge comme un voyageur qui châtiait les méchants, protégeait les plus faibles et les opprimés.

Le samouraï moderne est celui qui croit en un monde meilleur. Possédant les vertus du Bushido*, de la chevalerie, la liberté d'esprit d'un ronin et du chevalier errant, il parcourt son chemin dans le noble but de servir la vie. Il a transformé son sabre et son épée en un esprit d'éveil, ouvrant ses mains et son cœur à la sagesse et à l'amour.

Du même coup se dessina la pierre angulaire sur laquelle le sens sacré de la Voie que j'enseignerai, car dans la sagesse orientale il est dit qu'il faut parfois à un Boddhisattva la force de lutter farouchement afin d'exercer sa compassion pour affronter les forces du mal. Ainsi donc, compassion et guerrier étaient plus que compatibles, ils sont indissociables. Être un guerrier du cœur, un guerrier spirituel, un Boddhisattva, est l'état d'esprit requis pour affronter les tempêtes de la vie et du changement, surmonter les obstacles et les défis nécessaires afin d'en tirer les leçons évolutives et découvrir nos forces intérieures.

Devenir un samouraï moderne, celui qui lutte pour transcender son esprit ordinaire afin de trouver la vraie nature de son esprit, était pour moi une noble quête vers la plénitude. J'étais prêt à laisser mourir celui que j'avais toujours pensé être pour trouver enfin en mon cœur celui que je suis vraiment en faisant renaître le guerrier sacré, le samouraï moderne qui sommeille en moi. Il y aura sans cesse du travail à faire sur ce difficile chemin de l'évolution. J'en étais conscient et j'en suis doublement plus conscient aujourd'hui. C'est à ces murs peints de sagesse du temple Kalachakra que je confiais mes vœux de samouraï moderne.

---

* Bushido : chemin ou voie du guerrier, lié au samouraï.

J'ai passé plusieurs mois à McLeod Ganj et ce lieu fut un fabuleux terrain d'entraînement spirituel. En plus de recevoir des enseignements sacrés tibétains, je vécus d'inoubliables expériences avec des maîtres de différentes voies spirituelles. Amour, bienveillance, compassion et service envers autrui étaient, au-delà des rituels religieux et des pensées philosophiques, l'essentiel que je devais retenir et intégrer. Peu à peu une nouvelle conscience se révélait au travers de mon regard. J'étais convaincu qu'il était possible de renaître de son vivant. Une renaissance allant au-delà du mental. Une renaissance réelle dans l'âme ou l'esprit, le souffle en réalité. J'étais décidé à franchir ce pas. L'appel en mon cœur était tellement évident que je ne pouvais plus reculer. L'aventure devenait encore plus intense sur ce sentier de non-retour.

La nuit précédant mon départ, je fis ma dernière visite nocturne à mon ami mystique, le samouraï de pierre. Grâce à lui, je développais un peu plus la capacité de lire en moi-même, constatant que tous les mystères de l'univers font partie intégrante de nous. Par ses vibrations, ce petit cachottier m'avait tout doucement révélé un secret : il existerait une terre pure, une terre d'éveil, une source de félicité appelée *Shambala*. Un lieu mystique aucunement repérable géographiquement. Un continent spirituel imperceptible pour notre regard ordinaire. Cette terre de lumière existerait dans les reflets de l'esprit et pourrait renaître uniquement en notre cœur par le sentier de la transformation. Sous forme de récits mystiques et légendaires, les enseignements de Shambala sont destinés à nous éveiller à la sagesse qui existe en chaque être humain. Une sagesse n'appartenant à aucune culture, à aucune religion. Une sagesse universelle source de paix et de sérénité. Une alchimie du cœur, fruit d'un karma purifié mûr pour l'éveil. Ce samouraï a été une direction à suivre me confirmant ainsi que mon chemin de vie, celui d'un samouraï-ronin du cœur ou samouraï moderne, était une des clés pour découvrir cette terre de félicité, ce cœur pur présent dans la vraie nature de notre esprit. Sauf que mon cœur et mon regard étaient et sont encore emprisonnés et aveuglés par ce voile d'illusion qui malheureusement nous cache des trésors sacrés de la grande sagesse de la vie.

Par une pleine lune éclairée du soleil levant, sous un ciel bleu bienveillant, je quittais Dharamsala guidé par l'énergie protectrice du samouraï lumineux.

Il s'ensuivit un long pèlerinage à travers différents lieux sacrés de l'Inde pour ensuite traverser vers le Népal et l'Everest et aboutir bien plus loin sur les Chemins de Compostelle. Près de trois mois de marche méditative, de lâcher prise pendant lesquels je pris conscience que l'existence du bonheur est dans la simplicité des choses. Un bonheur perdu au détriment d'une quête gouvernée par l'amour du pouvoir au lieu du pouvoir de l'amour. Cette longue réflexion sur la vie me mena jusqu'en Terre Sainte.

Sur les terres des Saintes Écritures, mon cœur pleurait de ce manque d'amour qui afflige notre monde. Les murs de la vieille Jérusalem qui devaient, à mon sens, refléter amour et sagesse sont plus troués de balles qu'empreints du sacré de la vie. Le sang inutilement versé par toutes les guerres déchirantes y coule encore. Pourquoi faut-il créer la guerre pour nous convaincre de sa nécessité pour l'évolution ? Pourquoi ces attachements exagérés et cet orgueil démesuré qui sont l'apanage des religions et des politiques de ce monde ? Pourtant, depuis la nuit des temps, sages, prophètes, gens provenant de différentes sphères de la société, tous unanimement ont véhiculé que la vie doit être construite sur les bases de l'amitié, du partage, de la paix, de l'intelligence, de la justice et de la sagesse dans le respect et l'amour inconditionnel envers tout. Pourquoi alors vivons-nous le contraire sur cette terre ? Pourquoi l'histoire des religions repose-t-elle sur la destruction, le sang de la souffrance inutile, les richesses excessives, les abus de pouvoir, en véhiculant un Dieu de dualité où tristement division et rejet sont mariés trop souvent à la violence extrême ? N'est-il pas écrit que Dieu est amour, sagesse et création et que nous sommes à son image ? Pourquoi les religions blessent, rejettent, méprisent, manipulent et déforment tout au nom d'un Dieu ou de leurs convictions ? J'ai l'intime conviction qu'en cours de route l'être humain s'est perdu, endormi par son mental, il en a oublié sa vraie nature.

Tout en foulant le sol de la via Dolorosa, chemin de croix de Jésus, je réalisais comment cette ignorance crucifie nos âmes et tue notre droit sacré à la liberté d'être. Je ressentais aussi que pendant tout ce pèlerinage mon cœur avait été comblé par les enseignements du Bouddha et de Jésus et qu'ils étaient en ma conscience indissociables.

C'est à Assise, Italie, ville de Saint-François, que mon aventure connut son dénouement.

La vie de Saint-François fut celle d'un homme miraculeux. Un saint homme dans le plus pur sens du mot. En modifiant le modèle traditionnel du moine triste et souvent trop sérieux, en un frère heureux et rieur, il donna à la spiritualité fraîcheur et vitalité. Sa jeunesse fut celle de bien des jeunes issus des familles aisées qui rêvaient de devenir chevaliers. Suite à des blessures de guerre et à une longue maladie, il reconsidéra le sens de sa vie. Une crise intérieure de doutes précéda sa conversion. Après mûre réflexion, il décida de changer de vie pour se dédier à Dieu en suivant pratiquement à la lettre les pas de Jésus. Il mena une vie de simplicité et de pauvreté volontaire et libératrice dans l'amour et le respect envers toutes les formes de vie de la création. Il faisait fleurir autour de lui les fruits de l'esprit dans la fraternité et la paix. Pour lui, tout et tous étaient frères et sœurs, son cœur était une porte ouverte servant de refuge pour tous les êtres de Dieu. Dans la plus pure humilité, il véhiculait l'amour du Christ et proclamait la non-conquête, le respect et la liberté d'autrui au point que sa règle de vie, l'ordre franciscain, fait désormais partie intégrante de l'Église catholique. Deux ans avant sa mort apparurent sur son corps malade les stigmates symbolisant son identification au Christ, des saintes marques qu'il porta jusqu'à son dernier souffle en l'an 1226.

Pendant les quelques jours passés à visiter et à me recueillir sur les différents lieux de la vie de Saint-François, je découvris l'Ermitage des Carcéri situé sur les flancs du mont Subasio. Ce site choisi par Saint-François et ses compagnons leur permit de s'isoler afin de vivre de contemplation et de méditation. Baigné par cette profonde énergie spirituelle, une intense impulsion me poussa à retranscrire ce que je portais au plus profond de mon âme. Ces écrits furent les prémices de ce traité.

Grâce à cette alchimie du cœur tout devint clair, je venais de toucher à cette vérité qui dit que la beauté et l'essence des choses ne peuvent se comprendre qu'à travers l'union des mondes visible et invisible. Il était manifeste que la réalité d'un monde invisible, beaucoup plus vaste que le nôtre, existe. Et pour paraphraser, je vécus en Inde, quelques mois auparavant, une étrange expérience qui confirma ce fait...

Je souhaitais découvrir le monde des ashrams et du yoga et pour l'occasion, Guruji, mon professeur de Tabla, s'était offert de m'accompagner et de me présenter à une de ses anciennes élèves qui est responsable d'un ashram situé dans un coin isolé de la ville historique de Nahan. Elle avait accepté de m'enseigner quelques rudiments de danse et d'approfondir mes connaissances en yoga. Roulant de nuit, nous arrivâmes aux petites heures du jour à Nahan. Guruji s'empressa d'aller téléphoner. Désappointé, il revint m'annoncer que les plans avaient changé. Il fallait continuer notre route jusqu'à la ville de Dehra Dun en Uttar Pradesh, centre universitaire et de recherches situé à cinq ou six heures d'autobus. Au fond, ce changement inattendu n'était pas si grave et me permettait de découvrir un peu plus cette autre partie de l'Inde puisque mes seuls plongeons dans l'univers indien étaient mes rares descentes de McLeod Ganj jusqu'à Dharamsala.

À l'entrée d'une chambre d'hôpital, je fis la connaissance de Swamiji, l'ancienne élève de Guruji. Circonstances exceptionnelles, elle était à Dehra Dun pour prendre soin de son maître qui venait de subir une délicate intervention chirurgicale. Accompagnée de ses élèves disciples féminins, elle nous accueillit en préparant un festin digne des plus grands restaurants et ça dans une chambre d'hôpital ! Malgré la jovialité ambiante, je sentais bien que l'opération n'avait pas été un franc succès. Son visage empreint d'une grande sérénité, malgré la souffrance, se tourna vers moi. Dans la brillance de son regard qui me fixait d'un air bienveillant et mystérieux, le guru dit quelques mots en indien. Interrogatif, je tournais mon regard vers Swamiji et Guruji qui, dans leur étonnement, me déclarèrent que ce maître spirituel venait de m'appeler son frère. Nous restâmes tous abasourdis. La communication entre ce sage homme et le petit Serge émerveillé fut instantanée. Dans une profondeur indescriptible, nos âmes pouvaient se parler à travers le silence de nos regards. Que se passait-il ?

Pendant que le guru retournait à son sommeil, nous reprîmes la dégustation de notre banquet. Swamiji me demanda de reporter les enseignements d'une semaine. Je pris la décision de continuer ma route vers Rishikesh, capitale mondiale du yoga, tandis que Guruji en profitait pour rester et se remémorer de bons moments avec sa bonne amie.

Une semaine plus tard, de retour à Nahan, je fus accueilli dans un bel endroit isolé dans les montagnes. C'était un ashram vraiment typique.

Pas de douches, pas de lits, pas de tables... rien ! On mangeait et dormait à terre dans une petite cabane en terre cuite. Bref, le dépaysement total. La richesse de cette joyeuse expérience fut assombrie par la santé du guru qui se détériorait à chaque jour. Il était très malade. Ses points de suture ne s'étaient pas bien refermés et une infection s'était sournoisement nichée dans la plaie. Swamiji m'informa que son Guruji tenait à me recevoir dans sa petite hutte, sa demeure sacrée. On nous servit le thé. Sans un mot, nous nous regardions dans un présent de partage, une intense communion s'installait. Il régnait un silence total. Par ce silence mystique, une communication par l'âme créa un langage que je n'aurais jamais pu imaginer. Le plus fascinant est que, malgré sa douleur probablement insoutenable pour le commun des mortels, son visage restait illuminé d'une sérénité frôlant presque la pureté.

Pour cette dernière soirée en ce lieu béni par la sainte énergie du guru, sous le clair de lune, je me laissais aller à la symphonie des étoiles, et dans cet ashram perdu au bout du monde, mon rêve de faire d'un Budo un yoga avec la vie se concrétisait.

Face à cette triste réalité et sachant qu'un docteur était sur le point d'arriver, je repris ma route pour McLeod Ganj. Quelque temps plus tard, une nuit, je vécus une expérience très spéciale. Le guru m'apparut. Sa présence était presque palpable. Dans un sourire inondé de lumière, une douce mélodie sortait de sa bouche. Était-ce un rêve ou autre chose ? Cet indéfinissable instant fut gravé en mon cœur à jamais.

Une dizaine de jours plus tard, pour la reprise de mes cours de Tabla, une belle journée parée d'un ciel bleu m'accompagnait tout le long de ma descente par Jogibara Road, chemin de plusieurs kilomètres entre McLeod Ganj et la demeure de Guruji à Dharamsala. À mon arrivée, Guruji me surprit en m'annonçant la mort du guru décédé une dizaine de jours auparavant ! Étrangement la date de son décès coïncidait avec la nuit où il m'était apparu !? Sous le chant des oiseaux, je remontais la montagne en direction de mon ami le samouraï de pierre. Assis à côté de ce silencieux et mystique confident, vide de pensées, je me laissais aller aux vibrations des secrets de la vie qui nous sont parfois révélés. Lors de son départ pour l'au-delà, ce maître spirituel était venu me saluer, me confirmant ainsi par la réalité de cette expérience qu'un autre monde existe, qu'il y a autre chose... présent... ailleurs... La mort est un passage, la libération de notre enveloppe terrestre pour retrouver la paisible maison de notre âme. Dans le sourire du guru, j'avais senti qu'il était heureux de rentrer chez lui...

Revenons à Assise, dans *la Porziuncola*, la petite chapelle où Saint-François vécut et fonda son Ordre que je reçus les dernières réponses à ma quête de vérité, *l'esprit d'un samouraï moderne*.

L'esprit d'un samouraï moderne repose sur un merveilleux tissage entre les valeurs laïques d'une société moderne et les valeurs ancestrales liées à l'esprit du samouraï, à l'esprit du chevalier et à celui du Bodhisattva. Il est un pont intelligent entre l'Orient et l'Occident pour nous amener à vivre un idéal entre le spirituel et le matériel, l'ancien et le nouveau en accord avec notre temps. Aussi, il est inspiré du principe Makoto. Ce mot japonais puise son origine dans la religion Shinto et signifie vérité, pureté, sincérité et droiture. Soit la recherche d'un cœur pur.

Makoto est l'idéal que recherche l'homme de la voie. Au cœur de l'action, il vit l'instant présent dans l'innocence retrouvée de l'homme véritable.

L'esprit d'un samouraï moderne, c'est être bienveillant et valeureux, humble et courageux dans la noble quête de cheminer vers l'éveil.

Apprendre à se connaître, à se connecter avec sa vraie nature au lieu de vouloir conquérir. Peu importe les trophées, les victoires, la gloire, l'argent ou le succès, le véritable guerrier est celui qui a pris la décision de s'affronter, de faire face à ses peurs, à son insécurité, à ses doutes, à son ignorance, à ses peines et à ses souffrances, c'est-à-dire qu'il a appris à se regarder bien en face.

Le samouraï moderne est celui qui ose malgré la peur. Il a redécouvert cette audace, ce courage sacré qui animait l'esprit des samouraïs d'antan. Il est animé d'une éthique, du sens de la justice, de l'honnêteté, de la vaillance, de la sincérité et de la fidélité en harmonie avec les lois universelles, divines et terrestres, dans la maîtrise de son corps et de son esprit.

La vie est épreuve, la vie est changement, elle devient alors un fabuleux terrain d'entraînement. Par l'esprit d'un samouraï moderne, nous respirons la vie avec grâce, noblesse et gratitude et apprenons à maîtriser nos peurs et nos souffrances. C'est notre tremplin vers la sagesse. Comprendre cela nous rend plus humains, c'est l'ouverture envers soi et envers les autres. Comme le Bouddha l'a enseigné, il y a quatre groupes de gens sur terre :

1. Ceux qui n'aident personne, ni eux, ni les autres.
2. Ceux qui aident les autres, oubliant de s'aider eux-mêmes.
3. Il y a ceux qui s'occupent d'eux, mais n'aident pas les autres.
4. Il y a ceux qui aident : eux-mêmes et les autres.

Le quatrième fondement est sans contredit l'assise à la Voie d'un Samouraï Moderne.

Dans cette *Porziuncola*, je comprenais aussi que cette quête, cette merveilleuse aventure que je venais de vivre n'était en vérité qu'un pas, un tout premier pas sur ce noble sentier de la sagesse, la première pierre à l'édification de la Voie d'un Samouraï Moderne.

Ce pèlerinage fut une bénédiction, une grâce de la vie qui m'était indispensable. J'aurais pu lire tous les livres du monde, m'asseoir sur les bancs des meilleures écoles de la planète, rien au monde n'aurait remplacé et été aussi crédible que tous ces enseignements que je reçus, ces expériences que je vécus et ces connaissances que j'ai acquises. Le plus beau dans toute cette aventure est que j'ai pu voir ce qui vivait au plus profond de mon âme et trouver ma liberté d'Être. Parce que le but ultime de tout être humain est d'être libre, libéré du joug du contrôle, de la manipulation et de la possession. En vérité, personne n'appartient à personne. Derrière chaque regard, il y a une histoire, dans chaque histoire il y a la vie et celle-ci mérite d'être pleinement vécue dans l'amour et la liberté.

Mon esprit de samouraï moderne n'a jamais été aussi présent et vivant et ce Traité, qui est un hymne à la vie et un partage de valeurs, donne le goût d'un éveil de la conscience pour un monde meilleur.

Voici donc le *Traité du Samouraï Moderne*, une vision holistique de la vie ou comment retrouver son plein potentiel d'Être Humain et, en toute humilité, toucher à notre divinité intérieure. Le magnifique trésor qui est en nous.

Partie I

Fragment d'un enseignement sacré

La Théorie du souffle retrouvé

La Théorie du souffle retrouvé

Tout ce qui est dans la création existe en vous,
et tout ce qui existe en vous est dans la création.
Il n'est pas de frontière entre vous et les choses les plus proches,
ni de distance entre vous et les choses les plus éloignées.
Et toutes les choses, de la plus basse à la plus élevée,
de la plus petite à la plus grande,
sont en vous dans une parfaite égalité.
Dans un atome, on trouve tous les éléments de la terre ;
dans un mouvement de l'esprit
se trouvent tous les mouvements des lois de l'existence ;
dans une goutte d'eau
se trouvent tous les secrets des océans sans rivages.
Et dans un aspect de vous, il y a tous les aspects de l'existence.

Texte sur l'unité
Khalil Gibran

La *Théorie du souffle retrouvé* est une vision de la vie qui se veut très novatrice. Elle démontre qu'il existe une subtile osmose entre l'union des trois étages de notre cerveau (études scientifiques confirmées) et la science des chakras (enseignements liés à la spiritualité, plus spécifiquement au yoga). De plus, par cette théorie, nous voyons clairement que l'harmonie entre les deux hémisphères cérébraux est une clé essentielle pour la connaissance de soi. Ce regard holistique sur l'humain devient donc une brillante union entre la science et la spiritualité pour une approche psychospirituelle de la vie.

Inspiré du principe **Zan-mai**, mot japonais signifiant *l'union du moi individuel avec le moi spirituel*, ce fragment d'un enseignement sacré a pour but de nous ouvrir à notre nature multidimensionnelle, fruit de l'extraordinaire potentiel qui nous anime. Cette théorie fait partie de ma quête de vérité qui n'est pas La Vérité. Il serait très prétentieux et surtout très dangereux de prétendre posséder La Vérité. Voilà pourquoi la *Théorie du souffle retrouvé* n'est qu'une infime partie de La Vérité, *fragment d'un enseignement sacré*.

Zan-Mai peut aussi se définir par *notre souffle retrouvé*, le mariage sacré entre notre *Ki,* énergie vitale (*Ki* de l'humain, microcosme) et l'énergie universelle (*Ki* universel, macrocosme). Cette définition est la compréhension métaphysique de : *nous respirons au-delà de l'air qui nous entoure*. Nous sommes la réplique exacte du cosmos parce que tout ce qui existe dans l'univers se reflète dans l'humain.

Traditionnellement, dans le bouddhisme zen, **Zan-mai** correspond à la troisième de quatre étapes qui amène à l'éveil (Satori).

La quête de sens

La première étape dans la *Théorie du souffle retrouvé* est de nous interroger sur nous-mêmes et sur la vie.

Sommes-nous présents en ce monde pour apprendre ou pour nous ressouvenir ? La liberté, est-ce un but à atteindre ou quelque chose que l'on porte en soi et que nous avons emprisonné ? Se pourrait-il qu'accéder au plus haut sommet de la réalisation de Soi ne soit en vérité qu'une plongée salvatrice dans les profondeurs de son être ?

Notre monde pleure le manque d'amour et l'espoir que cette triste réalité ne soit qu'un mauvais rêve, hélas ! ne l'est pas. Cette réalité est bel et bien réelle. Nous sommes noyés dans les eaux troubles de la souffrance inutile : crimes, corruptions, violences, magouilles et injustices de toutes sortes se démultiplient à un rythme effrayant. Guerres, génocides et cruautés se chevauchent sans répit. Le monde a peur. Le monde saigne inutilement. Le monde est sous la gouverne du narcissisme et de l'orgueil.

À la fin de cette première décennie du XXIe siècle, le monde est en train de plonger dans une crise financière et économique qui, aux dires de certains, serait sans précédent. Mais est-ce réellement une crise économique et financière ? Si nous prenons comme exemple un mal de tête, le premier geste va être de se soulager avec un comprimé alors qu'en réalité ce mal cacherait plutôt un engorgement du système ou une forme d'intoxication et même peut être un problème plus grave. Alors, se pourrait-il que cette crise, sous couvert de l'argent, cacherait plutôt une intoxication de la conscience humaine ? Au lieu de se concentrer sur nos pertes financières ne serait-il point sage de regarder la cause exacte de cette crise ? Il est important de comprendre que si l'on refuse d'aller à la source de cette cause, ces crises recommenceront indéfiniment.

La vie est en train de nous donner une belle leçon. Elle nous place face à notre évolution pour nous obliger à changer notre façon d'être et d'agir. Étant donné que l'argent est le leitmotiv de la société moderne, la vie nous pousse dans nos retranchements en nous touchant directement là où nous sommes le plus sensible pour que, *grâce* à cette situation, émerge une nouvelle conscience en nos cœurs et en nos sociétés.

Nous sommes prisonniers d'un mauvais scénario écrit de la plume de notre ignorance et de nos illusions. Mais je suis certain qu'un autre scénario, beaucoup plus lumineux celui-là, est inscrit dans l'esprit de la Vie.

Un monde aimant et intelligent où pour tous et chacun il fait bon vivre. Un monde où la voie du cœur et celle de la raison dansent harmonieusement au rythme d'une mélodie composée des notes du bonheur. Comme il est dit, *il n'y a pas de chemin vers le bonheur, le bonheur est le chemin*. Nous pouvons construire ce chemin, ce monde nouveau, fruit de notre potentiel et de notre intelligence.

N'oublions pas qu'en passant outre les signes de la vie l'on peut toute une vie ou même plusieurs vies passer à côté de sa vie. Qu'en voulant gagner sa vie à tout prix, celle-ci en perd tout son sens. Qu'en courant sans cesse après tout et rien, poussé et encouragé par notre ego pressé et stressé, nous reculons au lieu d'avancer sur le chemin du bonheur. Qu'en vérité, lorsque nous créons un équilibre de vie nous découvrons tout simplement que le bonheur et la liberté ont constamment été présents dans le ici et maintenant et non dans le ailleurs, attendant sagement et patiemment que nos illusions se désintègrent.

Au fond, la noble quête de notre âme, le chemin vers la liberté existe depuis la nuit des temps. Qu'elle se nomme *Quête du Graal* ou *Recherche de la Toison d'or*, au-delà des légendes, de la littérature, du mysticisme ou de la mythologie, son but est toujours le même : la recherche de la plénitude intérieure, soit se ressouvenir de notre essence divine, éternellement présente en nous.

Peu importe le chemin, peu importe les croyances, car pour certains, nous avons un karma à transcender, pour plusieurs, un ciel à gagner et pour d'autres, tout simplement la vie à respecter. En conséquence, l'évolution de la vie est notre enseignement et personne ne possède en lui toute la vérité. Mais nous avons en nous les semences de cette vérité, et celle-ci germera lorsque nous nous unirons dans le partage de notre vérité au lieu de nous battre, détruire, diviser, renier, tuer, et j'en passe, au nom de NOTRE vérité croyant à tort que celle-ci est LA vérité. Charles Darwin nous a partagé une vérité, Bouddha et Jésus nous ont enseigné la leur, et d'autres noms de l'histoire nous ont révélé d'autres visages de cette vérité. Et justement, par le partage de notre vérité, il nous faut œuvrer pour la paix, dépolluer, revitaliser et harmoniser les consciences, les sociétés et la nature. Nous devons semer la lumière en notre cœur et en ce monde pour renforcer par le sacré (digne respect absolu) l'évolution devenue si fragile. Nous devons nous détacher de notre nombril en pensant aux générations futures pour fertiliser l'existence d'un souffle nouveau. Un monde conscient où le code d'honneur de la guerre est devenu un noble art de vivre dans la paix.

Nous avons tous le potentiel d'être maître de nos vies dans le respect de la vie. L'harmonie de notre existence, la guérison et la transformation de notre karma autant personnel que collectif, sont entre nos mains. Notre destinée dépend uniquement du choix de notre pensée, soit notre libre arbitre. Ce dernier, à mon humble avis, doit être animé d'une conscience de bonté et d'intelligence, d'un cœur pur pour une pensée juste.

La vie est un dur combat même si à la source elle ne devrait pas en être un, alors pour affronter cette réalité, notre corps et notre esprit doivent être en bonne santé. Nous sommes de plus en plus sensibles aux bienfaits d'une bonne alimentation pour que notre corps soit en meilleure forme, et il en est de même pour notre âme. C'est pourquoi une vision plus intériorisée des choses est devenue vitale et surtout inévitable. Je crois qu'une approche psychospirituelle de la vie, c'est-à-dire une spiritualité laïque sans dogme et sans gourou peut être notre fontaine de Jouvence.

On ne peut plus nier le fait que santé, éducation et spiritualité sont interreliées. Il est indéniable qu'une médecine sans soin de l'âme est incomplète, qu'un système d'éducation sans valeurs, éthique et conscience spirituelle est vide de sens. Mais il est très important de faire la distinction entre spiritualité et religion. Pour moi, il est logique et réaliste de croire que ce qui est intangible et mystérieux fait autant partie de la réalité qu'un mal de dents. Aussi, bien se nourrir intérieurement par la méditation et une respiration consciente, toutes deux portées par la compassion et l'amour, symbolisent notre réveil à la vie, tels l'odeur et le goût d'un bon café matinal. Une spiritualité bien vivante en notre cœur donne un sens à l'existence et de ce fait crée de l'espoir, sécurise, réconforte et rend plus courageux et serein pour affronter la vie.

De l'origine des espèces et de la sélection naturelle de la vie jusqu'à l'organisation des sociétés ou de la civilisation, nous savons que la loi du plus fort a toujours primé et que l'esprit conquérant a toujours été porté en roi triomphant. Si nous regardons la structure de l'humanité, la guerre, en plus d'assouvir nos instincts de conquêtes et de pouvoir, est perçue comme un facteur de développement, tandis que la paix n'est qu'une accalmie entre deux guerres. Une trêve possible que par l'équilibre des forces. Je ne crois pas que cela soit signe d'une grande intelligence et de maturité de notre part. Je suis convaincu que nous pouvons faire mieux que ça !

Référons-nous à la hiérarchie des besoins de Maslow* qui démontre les besoins essentiels de l'humain.

1. Besoins physiologiques
2. Besoin de sécurité
3. Besoin d'appartenance
4. Besoin d'estime
5. Besoin de s'accomplir

---

* Abraham Maslow : 1908-1970. Célèbre psychologue américain considéré comme le principal meneur de l'approche humaniste.

Il serait temps que la société se réalise en unifiant croissance personnelle et développement transpersonnel. C'est-à-dire aller au-delà de nos vieux schémas de pensée, dictés par notre esprit conquérant, antithèse du respect et de l'harmonie, afin de respirer d'un souffle nouveau empreint d'idéal et de liberté.

Justement, qu'est-ce que la liberté ? Qu'est-ce qu'un idéal ? Quelle est mon utilité envers les autres ? Combien de temps et d'énergie je déploie pour aider autrui ? Quelles sont mes implications pour un environnement plus sain et un monde meilleur et plus conscient ? Que veut dire réalisation de soi ou accomplissement personnel ? Peut-on croire en une quête de sens, une intelligence matérielle guidée par des valeurs sociales et spirituelles ? Est-ce que quête de sens signifie quelque chose ? Est-ce que mon idéal de vie correspond à l'idéal de la vie ?

De plus, nous sommes en train de perdre de vue l'objectif d'une société équilibrée. Il n'est pas normal qu'une minorité d'êtres humains contrôle la majorité de la planète. Par leurs mœurs de consommation exagérée, ils créent des modèles de surconsommation et de gaspillage. En quête d'abondance, ils sont insensibles aux inégalités sociales et protègent de toutes leurs forces leurs privilèges. Au lieu d'être guidés par des femmes et des hommes de sagesse et de vérité, nous sommes plutôt menés par des administrateurs… Croyez-vous en ce modèle ? Moi pas !

Selon Danah Zohar, auteure du livre *Connecting with Your Spiritual Intelligence (2001)*, et professeure au *Cranfield School of Management*, en Angleterre, *de plus en plus d'hommes et de femmes souffrent de stress et de* burnout. *Leur travail les rend malades parce qu'ils n'y trouvent pas de sens*. Pour elle, *on ne peut pas vivre sans valeurs, toutes les grandes civilisations ont les leurs et les humains ont besoin de servir autre chose que leur petite personne. Que les employeurs fassent des profits, c'est correct, mais pas à n'importe quel prix. Il nous faut une raison, une justification à laquelle s'accrocher et la quête de sens transformera les organisations, car il faudra répondre aux besoins spirituels des employés et poser des gestes qui vont au-delà de la logique marchande. Les Humains sont à l'aube d'une crise majeure,* explique-t-elle. *Et ceux qui ne sauront être authentiques dans leurs gestes et intentions seront démasqués. On ne peut plus continuer à poser des gestes vides de sens,* renchérit-elle.

Une noble réussite passe inévitablement par une croissance personnelle afin de devenir une meilleure personne, cette *semence d'humanité qui est en nous.* La croissance personnelle est donc, par conséquent, la pierre angulaire pour toute réalisation saine et intelligente que cela soit familial ou social, de la PME à la multinationale. C'est-à-dire réussir socialement et professionnellement sa vie en équilibrant le spirituel et le matériel.

Ce qui donne un sens a ce que l'on appelle la quête de sens. Même si parfois cela est difficile à croire, sur cette terre tout a un sens. La vie est intelligence, mais nous humains, le sommes-nous ?

En écrivant ces mots, je ressens toute la symbolique du mot aurore, image de toutes les possibilités, symbole de lumière et de plénitude, porteuse d'espoir en étant victorieuse sur le monde des ténèbres. J'ai donc l'intime conviction que notre monde est à l'aurore d'une nouvelle conscience fondée sur l'amour, le respect et la liberté. Pour beaucoup de gens, cette vision est irréaliste, utopique, voire impossible. Mais rêver à cet impossible rêve est chose du possible, et y croire est souffle de vie. C'est ma conviction.

Que la vie fût engendrée par un principe créateur ou issu du big bang, il est certain que nous sommes la conséquence d'une cause, même si celle-ci reste mystérieuse. Nous ne sommes pas le fruit du hasard et, tout en étant uniques, nous sommes unis les uns aux autres parce qu'en vérité, nous sommes Un. C'est la réalité de l'esprit, car toute vie découle de l'esprit. Nous sommes un esprit vivant dans un corps et celui-ci respire à l'aide de son esprit. En réalité, nous ne sommes qu'un véhicule temporaire pour l'évolution de notre âme, confirmant cette grande loi de l'existence : nous sommes des êtres spirituels en expérience humaine. Voir cela et admettre la réalité de l'esprit comme source de vie nous propulsent tout droit vers la réalisation de soi. En retrouvant notre souffle originel, nous recréons en notre esprit la boucle de l'existence.

Toute l'histoire de la vie est réunie par notre souffle. Le passé vient rejoindre le présent pour créer un futur à l'image de notre souffle retrouvé. Dans la réalité de l'existence, un jardin d'Éden, possible de notre vivant, est inscrit dans la pensée des étoiles. Un jardin où règne l'harmonie. Il faut croire en un monde meilleur et pour vouloir le bâtir, nous devons faire fleurir ce jardin d'Éden afin qu'il puisse un jour s'épanouir dans le cœur de l'humanité. En poursuivant cette idée, des études scientifiques ont prouvé que notre cerveau contient toute l'histoire de l'humanité et que dans les mémoires de la vie sont inscrites dans nos cellules.

Selon des études menées par le Docteur Paul Donald Mc Lean*, le cerveau humain serait composé de trois étages superposés et imbriqués l'un dans l'autre (cerveau triunique). Cette approche avait déjà été exposée par G.I. Gurdjieff dans les *Récits de Belzébuth à son petit-fils* – chapitre 17. Dans ces récits Gurdjieff appelle les êtres humains, des « *êtres tri-cérébraux* ». Ainsi notre cerveau serait composé du cerveau reptilien, du cerveau limbique et du cerveau néocortex, ce dernier étant divisé en deux hémisphères.

---

* Paul Donald McLean (1917-2007) médecin et neuro-biologiste américain est l'auteur de la théorie dite du cerveau triunique.

Le reptilien, dirigé par l'instinct, comprend les ganglions de base et le système d'activation du réseau des fibres nerveuses responsables de la coordination des fonctions de base. Ce cerveau contient le savoir ancestral de l'espèce et est le cœur de la survie de notre organisme.

Le limbique, âgé de 200 ou 300 millions d'années, est le siège des émotions. Son apport est vital dans le transfert de l'information reçue vers la mémoire. Ainsi, il joue un rôle majeur dans notre fonctionnement. C'est lui qui règle le sommeil, l'alimentation, la marche, la température du corps, le rythme cardiaque, la tension artérielle, les hormones, l'activité sexuelle et les équilibres chimiques. Il est aussi le centre de la colère, de l'agressivité, du plaisir, de la faim et de la soif.

Le néocortex est le plus gros des trois cerveaux. Il est notre matière grise, la calotte pensante et est divisé en deux moitiés (hémisphères droit et gauche). Dans le néocortex se trouvent les processus qui traitent les perceptions physiques, tels que les sens et le contrôle moteur.

La science a aussi prouvé que notre cerveau fonctionne sur deux modes de pensée : la pensée rationnelle, qui est l'intelligence analytique située dans l'hémisphère gauche, et la pensée intuitive, qui est l'intelligence empirique située dans l'hémisphère droit.

Ainsi, le cerveau gauche, de par sa nature rationnelle et sa pensée saccadée, s'exprime adéquatement dans le détail. Cette forme de pensée aime diviser, décortiquer, analyser, adore les faits et la logique. Elle est le centre principal du calcul, du langage, le côté affirmatif des choses, c'est le langage de l'intellect.

Tandis que le cerveau droit, de par sa nature intuitive et sa pensée harmonieuse, s'exprime très différemment, préférant la globalité au détail.

Cette forme de pensée aime regrouper, cherche à comprendre par des concepts, des images, des sons et des mouvements. Elle s'épanouit dans la profondeur et l'essence des choses. Par exemple, elle comprendra un problème complexe dans son ensemble sans nécessairement en capter chaque détail. Son langage est poétique.

Sans vouloir remettre en question toutes ces avancées scientifiques, se pourrait-il que la science ignore ou fasse abstraction volontairement des enseignements millénaires liés au souffle. Ainsi, serait-il possible que beaucoup de problèmes de société soient dus justement à une utilisation inadéquate de notre cerveau et par cette incompréhension face au langage sacré du souffle ?

En prenant comme référence les études scientifiques mentionnées précédemment, jumelées au sens sacré du souffle, un noble mariage entre la science et la spiritualité devient alors possible. Cette union démontre que notre corps et notre esprit sont indissociables et que nous avons donc la possibilité de réveiller, d'unir et d'harmoniser toutes les formes d'intelligence qui nous sont propres. Car en vérité, à la source, l'être humain est un homme de paix et d'intelligence. Il porte en son cœur et en son esprit le germe de l'amour et de la sagesse. Nous sommes par conséquent destinés à nous unir, à ne plus être divisés autant intérieurement que collectivement. Il est possible de renaître de notre vivant. Une renaissance allant au-delà de notre mental. Une renaissance réelle dans l'âme ou l'esprit, notre souffle en réalité. C'est ce que j'aimerai montrer dans ces pages.

Voici donc la *Théorie du souffle retrouvé* dont le but est de nous faire prendre conscience de notre plein potentiel d'Être Humain et découvrir le magnifique trésor présent en chacun de nous.

Il est dit que *l'homme ordinaire respire de la poitrine, l'homme sage du ventre et l'homme véritable par ses pieds.* Sagesse orientale.

Normalement, nous devrions respirer de la plante des pieds jusqu'au sommet du crâne et même encore plus en faisant de nous une source jaillissante de force de vie et d'énergie vitale, *Ki*. C'est-à-dire la fabuleuse trilogie qui consiste en l'unification des trois étages de notre cerveau, l'harmonisation de nos deux hémisphères cérébraux et l'ouverture de nos chakras.

Il est évident que l'air n'entre pas par les pieds et nous n'expirons pas par le sommet du crâne et vice versa. Mais l'expression *respirer des pieds jusqu'au sommet du crâne*, signifie respirer profondément tout en étant conscient de l'énergie qui est en nous et qui nous entoure. Ainsi nous unifions notre corps et notre esprit, nous reprenons contact avec nos origines terrestres, l'intelligence de la nature et avec nos forces instinctives, ainsi qu'avec notre intelligence intuitive et aux vibrations reliées au subtil.

Ce qui nous amène aux chakras.

En sanskrit le mot chakra signifie *roue de la vie*. Les chakras sont les centres d'énergie émotionnelle, psychique et spirituelle que l'on retrouve en plusieurs points subtils.

Ces centres d'énergie (chakras) sont les moteurs de notre santé. Ceux-ci sont reliés au corps par les glandes endocrines et par nos organes vitaux. Ainsi donc, le système endocrinien contrôle les hormones qui par leurs fonctions affectent nos humeurs et nos émotions. Voilà pourquoi qu'un blocage énergétique, causé par le stress ou un choc émotif, peut nous amener jusqu'à la maladie. Le fait qu'émotion, pensée et maladie soient intimement liées est de plus en plus démontré par les spécialistes de la santé. Par conséquent, nous devons nous éveiller à l'existence de nos chakras* et comprendre que cet éveil est aussi indispensable que de bien manger et boire.

Voici donc le lien subtil qui existe à mon sens entre notre cerveau et nos chakras. Cette osmose nous amène à la prise de conscience des formes d'intelligence qui nous animent.

3e étage du cerveau - le néocortex L'intelligence spirituelle et psychospirituelle

Le 3e étage de notre cerveau, le néocortex, la calotte pensante correspond à deux chakras : le « Sahasrara chakra » et l'« Ajna chakra » et ceux-ci fonctionnent en une intelligente symbiose.

Commençons par le chakra du crâne « Sahasrara chakra » qui est notre centre spirituel situé au sommet de la tête. Ce chakra est notre pôle céleste nous reliant à l'énergie universelle. Il est dit que ce chakra est lié à la glande pinéale (hypothalamus).

Ce centre d'énergie nous ouvre à la magnificence de la conscience universelle. Par le chakra du crâne - qui est sans doute étroitement lié à notre hémisphère droit - nous accédons aux lois de l'esprit, une sorte de bibliothèque invisible où le savoir de la vie serait inscrit. Ces lois de l'invisible sont indispensables à notre évolution, car tous les mystères de l'univers font partie de nous et nous de tous ces mystères. Nous ne pouvons respirer à notre plein potentiel et être des humains totalement inté-

* Énumération des chakras : réf. livre : Pranayama, la dynamique du souffle. Auteur : André Van Lysebeth. Éditions Flammarion.

grés sans l'ouverture de nos chakras et principalement celui du crâne et celui du 3e œil. Pour ce faire, il y a un enseignement accessible, facile à découvrir et si généreusement présent : la méditation.

Il est aujourd'hui scientifiquement prouvé que la méditation améliore les zones du cerveau responsables des fonctions cognitives et du bien-être. Que ceux qui méditent régulièrement ont des poumons en meilleure santé, un fonctionnement cérébral plus ordonné, une plus grande résistance à la pression sociale, une pression artérielle plus basse et un taux de cholestérol moins élevé. Depuis des siècles que la méditation est pratiquée, nous constatons ses bienfaits sur la santé. Il est incontestable que ceux qui ont une force intérieure sécrètent davantage d'hormones positives et bienfaisantes. De plus, il y a assez d'études scientifiques démontrant que par la méditation il est possible de surmonter plus facilement les événements perturbateurs, que la méditation développe la concentration, la mémoire et l'attention, renforce le système immunitaire, réduit le niveau de stress, stabilise le système nerveux, aide à prévenir et à combattre la maladie, amène à la paix intérieure, à une perception positive de soi et des choses, à une plus grande ouverture sur la vie et envers les autres.

Dans un langage populaire, méditer calme les nerfs et le plus important, contribue à être plus heureux. Dans nos sociétés modernes où les antidépresseurs frôlent la surconsommation, la méditation est par conséquent un fabuleux antidote aux maux de l'âme.

Dans un langage spirituel, la méditation nous plonge dans l'état de vacuité, cette sagesse du vide qui consiste à ramener l'esprit en lui-même. S'asseoir calmement pour renouveler son énergie, se libérer de l'emprise du mental et de ses pensées dualistes. Par ce silence qui enseigne et une posture juste, nous retrouvons cette nature profonde que nous avons perdue en cours de route. Notre quotidien est généralement meublé d'insécurité, d'anxiété et d'angoisses dites la maladie de l'homme moderne ; conflits et agressivité résultent de notre soif de compétition, d'avidité et de pouvoir, c'est le jeu de notre esprit ordinaire. La peur du vide, la peur du silence et de la simplicité de vivre nous poussent à l'hyperactivité autant cérébrale que physique, à la surstimulation de notre esprit et à la surabondance sous toutes ses formes. Toutes les choses superflues et agitations de toutes sortes nous éloignent du sens véritable de la vie. Méditer, c'est mettre un frein à toute cette ignorance et à ces dualités qui sans cesse nous font dérouter et surtout nous rongent jusqu'à la moelle de l'âme. L'opposé à l'angoisse est la sérénité, et la méditation est un merveilleux chemin pour y arriver. Parce que derrière l'écho de paroles inutiles gaspillées au rythme effréné de la vie se cache un incommensurable trésor de connaissances qui est la méditation. Méditer est donc l'outil qui procure paix et plénitude et aide à retrouver la connaissance de qui nous sommes, le retour à la condition originelle du corps et de l'esprit.

L'autre chakra lié au 3e étage de notre cerveau est le « Ajna chakra », le chakra du 3e œil qui est situé au milieu du front entre les deux sourcils. Dans les enseignements du yoga, il est écrit que l'« Ajna chakra » est principalement jumelé à la glande pituaire ou hypophyse (glande endocrine principale jouant le rôle de chef d'orchestre). L'hypophyse est régulée par la glande pinéale (hypothalamus) qui elle est liée au chakra du crâne. Ainsi, le chakra du 3e œil est notre centre psychospirituel, le pivot de notre esprit. Il est le point source unifiant nos deux hémisphères cérébraux ; nous y reviendrons ultérieurement. Passons maintenant au 1er étage de notre cerveau.

1er étage du cerveau – le reptilien
L'intelligence instinctive

Le chakra racine (situé à la racine de la colonne vertébrale) est lié subtilement au premier étage du cerveau, le reptilien. Et tel qu'expliqué précédemment et démontré par la science, le cerveau reptilien est dirigé par l'instinct et contient le savoir ancestral de l'espèce. Notre chakra racine « Muladhara chakra » est donc notre pôle terrestre et possède en son centre l'énergie à l'état brut (*Ki*).

Notre *Ki* est donc la sève d'un bon tonus vital confirmant ainsi que les enseignements concernant le chakra racine sont en accord avec les études du Docteur Mc Lean.

- Le chakra racine = le *Ki* à l'état brut, l'énergie essentielle à notre vitalité. Le pôle terrestre.
- Le cerveau reptilien = le centre de la survie de notre organisme. L'instinct.

Élaborons encore plus la *Théorie du souffle retrouvé*. Le courant électrique naît d'un dynamisme entre deux pôles et il en va de même pour les êtres humains.

La polarisation entre le chakra du crâne et le chakra racine (pôle céleste : 3e étage et pôle terrestre : 1er étage) est l'élément essentiel pour une saine santé physique et psychique. Ainsi lorsque ces deux pôles sont bien connectés notre conscience et notre instinct deviennent une seule et même énergie, ainsi nous conscientisons nos instincts primaires, nous libérant de la peur de vivre, nous harmonisant ainsi avec tout ce qui vit et en nous reconnectant à la nature de nos origines terrestres enclavées en nos mémoires. Ce qui se définit par avoir les deux pieds sur terre enracinés à la réalité et l'esprit grand ouvert à la conscience de la vie.

Nous avons d'une certaine manière scellé le premier étage de notre cerveau. Bien involontairement l'ère moderne nous a coupé de l'intelligence de la nature anesthésiant ainsi notre pouvoir instinctif. Un des exemples marquants est lors du Tsunami en Asie du Sud en 2004 : plusieurs jours à l'avance, les animaux avaient ressenti le phénomène, mais pas nous !

Nous sommes tellement déconnectés de la nature et de tous ses enseignements que nous saccageons sans scrupule celle-ci, qui est pourtant une partie de nous-mêmes. En respirant consciemment le *Ki* de la terre et en reprenant contact avec le premier étage de notre cerveau, nous nous connectons à nos racines, un enracinement lucide, conscient et respectueux avec la réalité de la vie.

L'unification des deux pôles correspond à la conscience de la vie « Shingitai ». *Shin* pour le ciel, *Gi* pour la terre et *Tai* pour l'homme en tant qu'humain. Nous sommes alors synchronisés aux trois indissociables aspects de nous-mêmes. Et à ce moment-là, l'intelligence de la nature et la sagesse de l'univers s'harmonisent faisant de nous un être humain conscient de la vie dans tous ses aspects. Sans cela, nous nous déshumanisons, isolés sur la terre, coupés et déracinés des énergies de celle-ci, en plus d'être déconnectés des niveaux de conscience qui nous sont accessibles et destinés. Une spiritualité authentique ainsi qu'une existence saine et intelligente ne peuvent se concevoir sans l'unification de ces énergies, destinées à nous conscientiser à la réalité et à nous éveiller à la vraie nature de notre esprit.

Continuons maintenant avec le deuxième étage de notre cerveau.

2ᵉ étage du cerveau – le limbique
L'intelligence sexuelle, émotionnelle, du cœur et purificatrice

Le limbique, le deuxième étage de notre cerveau, est le siège des émotions. Il règle aussi les fonctions du sommeil, de l'alimentation, de la marche, de la température du corps, du rythme cardiaque, de la tension artérielle, des hormones, de l'activité sexuelle et des équilibres chimiques. Il est aussi le centre de la colère, de l'agressivité, du plaisir, de la faim et de la soif. Comme nous pouvons le constater, il est en quelque sorte le cœur de nos vies, la trame de qui nous sommes. Dans ce fragment d'un enseignement sacré, le deuxième étage de notre cerveau correspond à six autres chakras.

L'intelligence sexuelle

L'intelligence sexuelle est liée au chakra sacré « Svadisthana chakra ». Ce chakra est le siège de notre énergie sexuelle et est situé dans la région pelvienne. Il est directement en rapport avec nos organes reproducteurs. L'énergie sexuelle est une force essentielle à ne point refouler et bien canalisée elle est d'une importance capitale pour une saine santé physique et mentale. Dans la Théorie du souffle retrouvé, le chakra sacré est donc défini comme étant le centre d'énergie qui relie le 1ᵉʳ étage au 2ᵉ étage du cerveau.

En conséquence, lorsque l'union entre notre *Ki* céleste et notre *Ki* terrestre (chakra du crâne et chakra racine) est bien réalisée et canalisée dans notre chakra sacré, nous intégrons la sexualité comme un art sacré, une expression spirituelle de Soi.

L'intelligence émotionnelle

Les enseignements modernes sur les chakras identifient l'intelligence émotionnelle au chakra du cœur. Alors que cette intelligence est plutôt liée à un triangle synergique qui est composé de trois chakras indissociables et qui sont situés dans la région du plexus solaire et du ventre. Voici donc la description la plus juste de ces trois chakras :

- le « Manipura ou Nabhi chakra » : chakra de la région ombilicale
- le « Surya chakra » : chakra solaire situé à droite vers le foie au-dessus du nombril
- le « Chandra chakra » : chakra jumeau du « Surya chakra » est symétrique à celui-ci, donc situé, lui aussi au-dessus du nombril, mais à gauche en direction de la rate et du pancréas.

Ainsi donc, l'action des chakras « Surya » et « Chandra » est équilibrée et complémente l'action du chakra « Manipura/Nabhi ».

Ces trois chakras sont en association étroite avec nos organes vitaux et de ce fait sont le siège de nos émotions. Ce qui nous amène au principe du *Hara*.

Le mot *Hara* signifie le ventre, la région abdominale. Dans la tradition japonaise, le *hara* constitue la principale source d'énergie (*Ki*) de l'homme. Ce centre immatériel est aussi appelé *l'océan du souffle*. Le *hara* est le pivot de notre corps, notre centre de gravité. Il représente pour les Japonais le centre originel de l'humain et est associé à un comportement de courage, d'humilité et de noblesse. Pour le pratiquant d'un art martial, l'unité corps/esprit ne peut être réalisée sans avoir développé un bon *hara*.

Le conditionnement occidental au principe « poitrine en avant, ventre rentré » a fait en sorte de nous décentrer. Notre centre de gravité vers le haut nous enlève beaucoup d'assises. Nous sommes décentrés, fragilisés, vacillants, coupés d'une partie essentielle de nous-mêmes.

Le *hara* était l'assise d'un samouraï. Il pouvait tout affronter, car il avait compris que la vie et la mort étaient en lui (l'art de la victoire suprême sur soi). Aussi, pour être efficace dans le feu de l'action, il est vital d'avoir un bon *hara*. Par exemple, face à une action soudaine, le réflexe habituel est de sursauter en haussant les épaules. En une fraction de seconde, nous venons de perdre notre centre de gravité, la maîtrise de nos émotions et de notre respiration. Un bon *hara* connecté, entre autres, aux glandes surrénales situées juste au-dessus des reins et qui sécrètent l'hormone du stress appelée adrénaline, permet de garder notre sang-froid lorsque la situation est traumatisante, empreinte de peur, de tension ou de stress. Lorsque le *hara* est bien entraîné, nous ne perdons pas notre centre de gravité, les énergies sont alors canalisées, nous respirons profondément et rassemblons nos forces au lieu de les perdre. C'est la clé.

En transposant cette clé dans nos situations quotidiennes, nous sommes enclins à maîtriser notre souffle, à canaliser nos énergies sexuelles et émotionnelles, à voir plus clair, à être plus forts face aux aléas de la vie, à bien agir, à rire et pleurer du ventre parce qu'il est plus facile de perdre la maîtrise de soi que de la garder. Pleurer nettoie l'âme, lubrifie le cœur. Rire ensoleille la vie et rire résulte d'un bon *hara*, un rire provenant de nos tripes. Rire et pleurer du *hara* est un signe d'une bonne santé émotionnelle.

En rassemblant les forces de l'esprit dans notre *hara*, nos instabilités émotionnelles, notre fragilité face aux changements, nos états d'âme influençables pour un rien ne nous font plus vaciller entre les rôles de victime et de bourreau communs à tous et chacun dans le jeu de nos vies. Aujourd'hui, les notions d'humilité, de courage et de noblesse, fruits du *hara*, ont plutôt régressé vers celles de l'égocentrisme, de la déresponsabilisation et de l'indifférence. Un *hara* perdu au détriment d'un comportement superficiel, c'est-à-dire un langage du corps plutôt égocentrique qui éloigne de l'essence d'une respiration profonde et consciente. S'entraîner sérieusement pour développer son *hara* donne les forces et les qualités nécessaires à une saine intelligence émotionnelle, c'est avoir du cœur au ventre, c'est avoir une saine conscience du corps par l'esprit et une conscience éclairée de l'esprit par le corps, c'est aussi développer notre sens de la responsabilité, du discernement face à nos choix, mais toujours dans le respect de nos droits.

Peu importe les origines familiales, sociales, karmiques ou autres, toutes nos douleurs, colères et peines sont inscrites en nous, imprégnant nos cellules, nos organes et nos glandes, développant maux, douleurs et souffrances, qui à la source sont nourris par la peur. Peur d'aller voir, peur des conséquences, peur de se remettre en question, peur d'avoir peur, peur d'être soi-même et ces peurs deviennent plus souvent qu'à leur tour, orgueil, ressentiment, colères refoulées, violences et souffrances. Un feu qui nous consume, un feu qui nous autodétruit. Le *hara* est notre médecin parce qu'il possède en son centre le remède pour maîtriser nos émotions. Ce remède est notre intelligence émotionnelle.

L'intelligence du cœur

L'intelligence du cœur va au-delà des émotions, c'est le langage vibratoire de notre âme et cette intelligence identifiée comme le chakra du cœur « Anahata chakra » est située au milieu de la poitrine.

Le chakra du cœur et le thymus (glande logée dans le thorax qui joue un rôle important dans les fonctions du système immunitaire) sont intimement liés et deviennent ainsi le miroir de notre identité, le reflet de notre âme. Le cœur, les poumons, le thymus sont interreliés et correspondent à notre respiration à la vie. La joie de vivre augmente les réponses immunitaires à notre système, ainsi notre chakra du cœur est symbolisé par l'ouverture, une santé émotionnelle et relationnelle, l'empathie, la bienveillance, l'altruisme, etc.

Grâce à la polarisation de notre *Ki* céleste et de notre *Ki* terrestre, nos pensées (3e étage) et nos émotions (2e étage) se conscientisent et se positivent en notre cœur conscient. Nous comprenons et ressentons par notre corps ce que notre esprit nous communique, c'est notre petite voix intérieure, celle du cœur. Le deuxième étage de notre cerveau (centre de notre inconscient, le siège des énergies refoulées) n'est plus anesthésié par notre hémisphère gauche (le mental) parce que notre âme a pris domicile en notre cœur. Peu à peu l'inconscient se conscientise et nous ouvre au langage d'amour de notre âme.

Dans la vie nous n'arrivons à rien de constructif et d'évolutif sans ouvrir notre cœur, et pourtant ce dernier s'épanouit à l'amour. À la source, nous sommes compassion, bienveillance, amour et sagesse. Le temps est venu de nous connaître véritablement pour ne plus être étranger à nous-mêmes, de respirer l'humble sagesse du cœur pour courageusement faire fleurir le merveilleux message d'amour et d'espoir qui est enfoui dans les profondeurs de nous-mêmes. Lorsque l'on ouvre son cœur, celui-ci s'ouvre à la souffrance du monde, mais aussi à la félicité de la vie. On ne peut être fermé à l'un et ouvert à l'autre. La compassion est alors le chemin.

La compassion est un feu d'artifices illuminant le ciel de notre quotidien et en vérité c'est la véritable force motrice qui vient du cœur de toute personne désireuse d'assister sincèrement les autres, mais elle est hélas devenue taboue, si absente de nos pensées et de nos actions. Cette compassion est plus souvent qu'à son tour confondue avec la sympathie, l'intérêt ou la pitié. Or, elle est beaucoup plus que ça, elle est la détermination profonde, concrète et active de participer au mieux de ses connaissances, de son pouvoir et de son potentiel au soulagement de la souffrance omniprésente. La compassion amène à une générosité inconditionnelle, tandis que la sympathie, par exemple, porte plutôt vers une charité, très souvent conditionnée pour se donner une bonne conscience en société. Voilà pourquoi la compassion nous permet de voir la lumière qui brille dans le cœur de chaque individu. Un peu comme les paroles de cette chanson de Gérard Lenorman, *Notre vieille Terre est une étoile*, par la compassion, essayons de faire briller cette parcelle étoilée qui scintille en nous. Parce que vivre sans amour, c'est la mort de l'âme, c'est être mort bien avant de mourir physiquement. Aujourd'hui, le paradoxe de l'ère moderne de la communication et de l'ouverture sur le monde est que justement plus personne ne communique, chacun s'isolant dans son indifférence.

Par la compassion qui est la force du vrai guerrier et non pas comme bien des gens le pensent, un signe de faiblesse ou de mollesse, nous cassons nos chaînes de dureté et de rigidité qui empêchent notre cœur de respirer librement et en paix.

Ainsi, par la sagesse du cœur, nous cultivons la terre fertile de l'amour. Nous devenons pour nous et pour la vie des jardiniers du bonheur. Nous éveillons la compassion en notre cœur afin d'irradier notre conscience de son merveilleux nectar divin.

L'amour c'est la nourriture de la vie, en réalité c'est la plus haute expression que nous, humains, pouvons atteindre. La floraison de l'amour sous toutes ses formes est le remède aux maux de l'existence. C'est la vraie garde du guerrier, la vraie garde de la vie. Il n'y a pas plus grande protection, plus grande force salvatrice que l'amour.

L'intelligence purificatrice

L'intelligence purificatrice est liée au chakra de la gorge qui est le dernier chakra, en relation avec le deuxième étage de notre cerveau. Ce chakra situé au milieu de la gorge se nomme « Vishuddha chakra » et correspond aux glandes thyroïdes et parathyroïde. Par ce chakra, nous parlons de communication, d'expression et d'affirmation de soi. Le chakra de la gorge est un point stratégique entre l'intérieur et l'extérieur, il est ainsi le lien subtil entre le deuxième et le troisième étage du cerveau.

Puisque la température de notre corps est réglée par la glande thyroïde, agissante comme un thermostat et que celle-ci est productrice d'énergie, il est donc approprié que le chakra de la gorge soit porteur de *positivisme* dans l'expression des émotions et des pensées. Par son rôle purificateur, le chakra de la gorge est synonyme de libération de notre énergie vitale et, par conséquent, d'affirmation de soi. Libérer son *Ki* et s'affirmer est indispensable pour une saine santé physique et mentale. C'est pour cette raison qu'il faut s'affirmer tels que nous sommes dans l'humilité et non dans l'orgueil, prendre le temps de faire les choses, être digne et heureux d'avancer dans la vie, prendre sa place sans brimer autrui, savoir dire oui autant que dire non dans l'équilibre et l'harmonie. Tous ces moyens d'expression et d'affirmation sont garants de la santé du chakra de la gorge.

Typologie des deux hémisphères cérébraux

Pour conclure et parfaire la *Théorie du souffle retrouvé,* terminons par une typologie des deux hémisphères cérébraux qui est la symbiose entre l'Ajna chakra (chakra du 3e œil) et le troisième étage de notre cerveau.

Notre cerveau est conçu pour l'harmonie et la créativité. Et pour que nous puissions utiliser notre cerveau à sa pleine capacité, nous devons cesser de ne fonctionner qu'avec un seul hémisphère, le gauche en l'occurrence et comprendre que l'hémisphère droit est l'ouverture sur l'intelligence globale de la vie et que l'union harmonieuse entre nos deux hémisphères est une porte grande ouverte sur la connaissance de soi.

Selon cette typologie, j'ajouterai aux avancées scientifiques que le côté gauche, l'intelligence rationnelle, pousse à la rigueur, à la spécialisation et se définit par **l'aspect « yang », le masculin de notre personnalité, le mental**.

Toujours selon cette typologie, le côté droit, l'intelligence intuitive, la pensée globale, amène à la souplesse et à la polyvalence et se définit par **l'aspect « yin », le féminin de notre personnalité, la conscience.**

Par exemple, le côté gauche poussera vers la mécanique ou les lois. Le côté droit, quant à lui, choisira l'art, la musique ou la psychologie. Notez bien que sans généraliser, un psychothérapeute sera plus hémisphère droit, tandis qu'un psychiatre sera plus hémisphère gauche. Il est devenu, hélas, normal dans notre comportement de préférer l'un en rejetant l'autre. Pourtant, rien n'empêche un artiste peintre d'être un excellent mécanicien, un juge d'exceller en musique, un psychologue, en comptabilité ou un lutteur de faire de l'aquarelle, et vice et versa. Le cerveau est comme un muscle, il suffit de l'entraîner pour développer son potentiel afin d'être équilibré. De ce fait, nos deux hémisphères cérébraux doivent être dans un équilibre harmonieux. Le cerveau gauche doit accepter que la connaissance arrive par le cerveau droit et le cerveau droit doit comprendre que la concrétisation de cette connaissance se manifeste par le cerveau gauche. Sauf que l'esprit rationnel est sceptique et indifférent devant l'aspect intuitif, tandis que pour l'esprit intuitif, l'aspect analytique lui semble fade, austère et ennuyeux. Pourtant, dans l'équilibre de la vie, l'un ne peut aller sans l'autre.

En voyant la société moderne, son système d'éducation ou la vie en général, on peut se demander si tous sont partis en croisade contre l'hémisphère droit, fonctionnant et créant leurs propres valeurs comme s'il n'y avait qu'un seul hémisphère, en l'occurrence, le gauche. Peut-être qu'en prenant un peu plus conscience de notre cerveau droit, nous aurions plus de plaisir à faire les choses et probablement, plus de créativité dans notre quotidien.

Pourtant, dans d'innombrables recherches scientifiques, il est démontré que le cerveau est fait pour traiter différemment, mais de façon complémentaire, l'information reçue. Ces deux modes de pensée ne sont pas supérieurs l'un à l'autre, ils sont surtout nécessaires pour penser efficacement. Je suis sincèrement convaincu qu'en unifiant nos deux hémisphères cérébraux, nous respirerons dans le bon sens de la vie.

Il est clair qu'en utilisant notre cerveau au minimum de sa capacité, nous respirons constamment la dualité. Nous nous appauvrissons sur le plan de la connaissance. Notre esprit ne peut être en bonne santé s'il rejette une moitié de son essence. Il est sain et rafraîchissant d'être confronté dans la vie. Notre monde est constitué de contraires, c'est ce qui fait sa beauté. La confrontation n'est pas la cause des souffrances, mais c'est plutôt la façon d'agir, de réagir et l'attitude face à la confrontation qui sont source de douleurs. Si par l'utilisation erronée que nous avons de notre cerveau, nous créons en notre conscience une dualité, qui n'a pas sa raison d'être, pouvez-vous imaginer ce qui en est du reste de la planète ? Nous devons développer progressivement nos deux hémisphères de façon égale afin d'en venir à une intelligence sacrée, une connaissance de la vie, l'expérience véridique de la réalité, qui va bien au-delà de l'intellectualisation des choses. Et comme l'a si bien dit Antoine de Saint-Exupéry : *les hommes ne se respectent plus les uns les autres. Huissiers sans âme, ils dispersent aux vents un mobilier sans savoir qu'ils anéantissent un royaume.*

La vie est construite principalement sur les valeurs du cerveau gauche que l'on dit « hémisphère dominant ». Pourtant, il n'y a aucune raison valable pour justifier un côté plus que l'autre.

Le cerveau gauche, l'aspect masculin de la vie, dans sa conception du dominant, nous garde dans une certaine ignorance, coupé de la source de la connaissance. Pratiquement toutes les facettes de la vie (religions, sociétés, etc.) sont bâties sur le principe dominant du mâle : le masculin qui l'emporte sur le féminin, l'unidimensionnel au détriment du multidimensionnel, l'esprit obtus qui emprisonne l'esprit ouvert, la vision à court terme qui aveugle une sage vision à long terme ainsi que la spécialisation et la rationalisation qui amputent d'une connaissance générale de la vie et de la nature. L'adage qui dit que *le diable se niche dans les détails* confirme cela.

Par ce schéma de pensée créé par le cerveau gauche, nous nous enrichissons matériellement, mais inversement, notre conscience collective s'appauvrit socialement et spirituellement. C'est la panne de créativité, la coupure de courant des fabuleuses sphères de la poésie et de la sagesse. Nous nous déshumanisons, nous rendant intransigeants, durs et froids, nous divisant au lieu de nous regrouper, plongeant l'humanité dans un labyrinthe de souffrances. La pensée est centrée sur l'aspect extérieur dans la négation de l'essence des choses. Tout conflit, toute guerre ou tout esprit totalitaire dépourvu de moralité et de respect est le fruit d'un cerveau gauche dominant qui n'a aucunement le goût de s'harmoniser avec son côté droit.

En écoutant les signes de la vie, nous réalisons que nous sommes à l'intersection de notre évolution. Il me semble que nous devrions redéfinir nos schémas de pensée, faire cesser le règne du mode masculin (qui n'est pas nécessairement attribué à l'homme) et qui réprime l'énergie féminine (qui n'est pas nécessairement attribuée à la femme). Pour ce faire, tout doit débuter par l'unification de nos deux hémisphères.

Il est évident pour moi que le principe yin/yang, féminin/masculin, et non pas masculin/féminin, doit être notre ligne directrice de vie et d'évolution. C'est-à-dire, le cerveau droit, la conscience, l'aspect féminin qui précède le cerveau gauche, le mental, l'aspect masculin dans une relation à parts égales, sans principe dominant/dominé parce que le cerveau gauche (yang) coupé du cerveau droit (yin) déshydrate notre conscience. Il nous emprisonne dans une intelligence artificielle, robotisée, dénuée de toute âme. Dans son film *A.I. Intelligence artificielle*, Steven Spielberg, avec son esprit visionnaire, a déjà tenté de nous sensibiliser à cet aspect de nous-mêmes. Tandis que le cerveau droit (yin) coupé du cerveau gauche (yang) nous déconnecte de la réalité, isolés dans notre imaginaire, perdant ainsi les points de repère qui permettent de fonctionner en société, une porte grande ouverte sur le délire et la folie : perte de discernement. Beaucoup de désordres psychiques découlent de cette scission.

Voilà pourquoi par le cerveau droit, *nous accédons à l'essence des choses et à la globalité d'une idée,* et ensuite par le cerveau gauche, *nous pouvons élaborer les choses et détailler cette idée.* C'est la créativité, l'intelligence. En inversant le processus et en commençant par les détails, en ignorant le sens global, des données importantes deviennent inaccessibles, l'essence même des choses est perdue, l'âme se perd et on ne finit plus de réparer par manque de prévention, par manque de conscience. Ce qui nous amène à l'obscurantisme.

Depuis des milliers d'années, l'humanité respire au minimum de son potentiel. En se penchant sur le sens de l'histoire, l'évolution humaine semble freinée par l'obscurantisme, empêchant l'irradiation de la lumière de la vie. Autrement dit, l'obscurantisme assombrit l'esprit de lumière. Bien sûr, il y eut, entre autres, comme période lumineuse, le Siècle des Lumières (XVIIIe siècle) ou comme période sombre, l'Inquisition (XIVe et XVe siècles), mais c'est plutôt de mode de pensée qu'il m'importe plus de traiter.

Voici quelques définitions représentant très bien l'*Esprit de lumière*. L'amour inconditionnel, la créativité, la transparence, la connaissance, l'autonomie, l'intelligente justice, l'aventure, la liberté de penser et de s'exprimer, l'ouverture, l'universalité, la compassion, l'égalité, la liberté, la dignité et la vérité. L'esprit de lumière favorise l'espoir et harmonise l'évolution.

Tandis que l'*Obscurantisme* est gouverné par la peur et l'orgueil. L'obscurantisme est une attitude d'opposition à la divulgation du savoir, de la connaissance, peu importe le domaine. De plus, par intérêt personnel, crainte, obligation de remettre ou de se remettre en question, c'est l'intense volonté d'empêcher toute éclosion de liberté, de créativité et surtout de vérité.

L'attitude obscurantiste maintient dans l'ignorance, par la censure, la manipulation, la dissimulation, la désinformation, le contrôle, l'oppression et empêche ou filtre toute liberté de penser, dans le refus d'accepter une vision ou une pensée différentes et leurs expressions.

L'obscurantisme est une façon de penser gouvernée par un cerveau gauche totalement déconnecté du cerveau droit. Il est et a souvent été l'apanage des religions, des gouvernements, des médias et des puissants de ce monde, mais aussi, de toute personne ou organisation qui a un certain pouvoir et veut le garder afin de protéger ses intérêts et privilèges. Autrement dit, même si l'obscurantisme se déploie sous différents aspects et à différents niveaux de la vie, sa stratégie reste toujours la même : un manque de transparence, un contrôle subtil pour garder autrui dans une certaine forme d'ignorance, créant ainsi à petite ou grande échelle souffrance et injustice. Mais le plus désolant est que beaucoup y trouvent un certain confort et restent indifférents à la responsabilité et à la nécessité de se remettre ou de remettre les choses en question.

Plus la peur décroît plus la méchanceté perd son pouvoir. De ce fait l'obscurantisme disparaît donc peu à peu et la vie reprend sa gentillesse, sa luminosité, retrouve ainsi le souffle de sa destinée. Il est temps aujourd'hui, avant de tout perdre et de tout détruire, de nous reprogrammer et de nous rééduquer. Faire émerger la lumière d'un obscurantisme qui n'a plus sa raison d'être. Ainsi, la vie deviendra harmonie et ne sera plus dualité. La guerre entre l'homme et la femme cessera. L'homme a toujours cru en un pouvoir supérieur, maintenant c'est la femme qui courtise ce pouvoir. Cette attitude est une forme d'ignorance, c'est le cerveau gauche (aspect masculin de la vie) qui commande cette dualité. Nous sommes esprit avant d'être corps, être un homme ou être une femme n'est qu'une question d'aventure et sans nous en rendre compte, nous avons mis le pouvoir de nos vies et de notre destinée entre les mains de notre hémisphère gauche.

Le cerveau droit qui précède harmonieusement le cerveau gauche permet donc d'accéder à notre cœur d'enfant, à notre esprit de lumière *ce que tu as caché aux sages et aux savants, tu l'as révélé aux tout-petits*. Évangile selon saint Matthieu. Chapitre 11, 25. En poussant encore plus loin ma pensée, il donne accès à la porte qui mène à la connaissance pure, il est la source où la foi puise sa foi, où la pensée puise ses informations, *notre subconscient*. Il est une énergie constamment renouvelée qui nous ouvre sur l'être, l'amour inconditionnel, la sagesse. Tandis que le cerveau gauche, précédé du droit, confère une intelligence vive, une acuité incroyable, une souplesse et une confiance inébranlable face aux changements qui nous guident vers l'action, l'avoir, la réalisation de soi, l'intelligence évolutive, *le mental conscient*.

En conclusion, les deux hémisphères réunis amènent à la focalisation créative de la pensée, dans la conjugaison « être » et « avoir », « méditation » et « action », « savoir-être » et « savoir-faire » pour une vie saine et équilibrée dans une société respirant sérénité et vitalité. Ainsi en créant l'harmonie entre nos deux hémisphères cérébraux, nous accédons à une vision consciente, éveillée, créative et intelligente de la réalité, comme par exemple, le mariage entre la médecine orientale qui est plus hémisphère droit et la médecine occidentale qui, elle, est plus hémisphère gauche, qui les deux réunis, ferait naître une médecine globale. Le jour où la spiritualité, qui est surtout liée au cerveau droit et la science au cerveau gauche, seront de nouveau réunis de nouvelles avancées naîtront. Ma conviction est que la paix sur cette terre est incontestablement liée au mariage entre le spirituel, hémisphère droit et le matériel, hémisphère gauche, la conscience et l'intellect afin que notre ego personnel et collectif puisse passer de la dualité à l'harmonie, de la peur à la sagesse, de l'orgueil à l'amour inconditionnel. C'est-à-dire l'expérience réelle de la vraie nature de notre esprit, l'Art de toucher à notre divinité intérieure, l'éveil *Satori*.

Ma vision concernant nos deux hémisphères cérébraux peut porter à la controverse. Si politiciens, scientifiques, religieux, médecins, psychiatres, psychologues et sociologues, etc. se penchaient humblement sur le sujet, en se détachant de leur ego, beaucoup de problèmes de société ou de santé seraient résolus. Une chose me semble particulièrement évidente, c'est qu'en reprogrammant progressivement notre façon de penser, nous trouverons un souffle de vie harmonieux, les générations futures naîtront dans un monde plus équilibré, créatif, aimant et intelligent. Que ce soient Jésus, Mozart, Einstein ou Bouddha, et tous ceux qui ont marqué notre imaginaire collectif, dans les exemples de Martin Luther King, Nelson Mandela, le Dalaï-lama ou Morihei Ueshiba*, tous ont sans aucun doute, fonctionné selon un même principe fondamental de la vie. C'est-à-dire un rêve qui amène à une action, la foi qui devient concrétisation, une vérité qui apporte des solutions, une intuition qui amène à une pensée, l'inspire à l'expire, le yin/yang, l'énergie féminine qui ouvre le cœur et la conscience à l'énergie masculine. Bref, le cerveau droit unit au cerveau gauche, tous deux en harmonie pour une voie, une œuvre, une découverte, un éveil et peut être une nouvelle avancée médicale, scientifique ou qui sait la paix sur la Terre.

La *Théorie du souffle retrouvé* peut nous guider vers une meilleure connaissance de qui nous sommes en tant qu'Être Humain. Elle est un pas précieux dans cette longue randonnée vers notre réalisation autant personnelle que collective.

Pour en découvrir toute sa dimension je vous propose de retrouver dans la seconde partie du traité, *Le Dojo intérieur*, des préceptes philosophiques, pratiques et spirituels, compréhensibles et applicables par tous et chacun.

* Morihei Ueshiba : 1883-1969- fondateur de l'Aïkido (traduction japonaise : Voie (Do) de l'harmonie (Aï) avec l'énergie universelle (Ki). Il amena au début du XXe siècle une dimension novatrice aux arts martiaux en fondant la Voie de l'Aïkido, qui est le fruit d'un mariage entre la spiritualité et les arts martiaux, dénuée de toutes notions sportives.

Partie II

Le dojo intérieur

Le magnifique trésor qui est en nous

Le magnifique trésor qui est en nous

Homo Gnose te ipsum :
« Homme, connaît-toi toi-même et tu connaîtras l'Univers et les Dieux »
Sagesse de la Grèce antique

Le dojo intérieur est une réflexion sur le magnifique trésor qui est présent en chacun de nous : notre esprit d'éveil ou conscience d'éveil. De plus, il est une clé pratique pour faire naître en soi notre esprit d'éveil, *Satori*.

Satori est un mot japonais appartenant au bouddhisme zen, signifiant *l'expérience de l'éveil*. Il peut également se traduire par *vérité sacrée, connaissance pure, illumination*.

Le **Satori** est avant tout une expérience, une réalisation instantanée. Bien qu'indéfinissable par des mots, cet éveil peut s'expliquer par la compréhension soudaine d'une vérité qui dormait en soi, libérant ainsi la conscience des illusions.

Dans les arts martiaux, le **Satori** est l'étape essentielle, la porte vers la liberté de l'esprit, âme ou conscience pour celui qui chemine sur la Voie.

Le **Satori** est le but noble et sacré d'une authentique évolution spirituelle.

Le dojo intérieur est construit sur les surprenantes potentialités découlant de cette équation à caractère métaphysique :

1 et 1 = + que 2 = 1 (Un)

Cette équation s'inspire de la dynamique du principe yin/yang (métaphysique du taoïsme chinois), deux contraires fondamentalement opposés, mais indissociables se complétant dans une harmonieuse évolution. Entre eux, il y a un mouvement de transformation, permettant une continuité dans un but d'équilibre et de paix.

L'équation de la paix et de l'harmonie est une forme de pensée à adopter dans toutes les sphères de la vie. Le 1 (yin) et l'autre 1 (yang) donnent le + que 2 (yin/yang), l'action synergique de la vie. La roue de l'équilibre tournant dans un mouvement d'évolution et naissant à chaque instant pour une multitude de possibilités créées à partir d'une différence ; 1 et 1 = + que 2, pour ensuite redevenir 1 (Un). Cela veut dire que chacun vit et grandit dans son identité tout en côtoyant la différence afin de participer à la créativité de l'existence pour ensuite ne faire qu'Un dans l'amour et la compassion par le lien universel et divin ; la roue de la vie, de la création, 1 et 1 = + que 2 = 1 (Un). Cette équation sacrée est l'essence même de toute vie ; la vie dans ses paradoxes, ses contraires, ses différences, dans ses couleurs chaudes et froides, le jour et la nuit, le soleil et la lune, l'intérieur et l'extérieur, le matériel et le spirituel, bref ses changements, ses rythmes dans l'interrelation de tout et de tous. Dans l'harmonie de nos dualités intérieures jusqu'à l'équilibre entre la nature et l'humain, l'environnement et l'économie, la simplicité et la prospérité en passant par l'équité entre les races, les peuples, les croyances et les richesses, cette équation sacrée donne le sens à notre existence.

Afin de mieux saisir toute la portée de la *Théorie du souffle retrouvé* par l'art de construire en son cœur son propre dojo, j'ai pris comme référence le cheminement d'un instructeur dans les arts martiaux. En commençant par le statut de professeur jusqu'au statut de maître en passant par celui d'expert pour ensuite transposer cette philosophie du Budo* et l'appliquer à notre conscience occidentale.

Ainsi donc :

- La Sensei Attitude
- La Renshi Attitude
- La Shihan Attitude

ayant comme essence l'équation sacrée : **1 et 1 = + que 2 = 1 (Un)**, sont les fondations pour l'édification de notre dojo intérieur.

Plus spécifiquement, le dojo est l'endroit où l'on s'entraîne à la pratique des arts martiaux (Budo) où à la méditation (Zen). Dans un contexte plus philosophique, le dojo signifie l'endroit de l'éveil (Satori). Ainsi, construire en son cœur son propre dojo, c'est construire dans sa pensée des intentions nobles en harmonie avec sa vie et la vie.

Il peut y avoir autant d'intentions nobles qu'il y a d'êtres humains parce qu'au plus profond de chacun de nous vit un idéal. Pour le découvrir, nous devons nous ouvrir à la magnificence des sphères de notre cerveau droit. Comme nous pouvons tous développer une conscience professionnelle, nous devons entraîner notre cerveau gauche pour accéder à ses incroyables capacités. L'unification des deux hémisphères cérébraux résultant de l'unification des trois étages du cerveau, nous propulse sur le chemin de la réalisation de l'impossible. Le potentiel illimité de notre âme.

---

* Budo : dans son sens profond, ce mot se traduit par voie du combat amenant à la réconciliation, à l'harmonie et à la paix. Ce mot désigne aussi l'ensemble des arts martiaux classiques au Japon.

Bu : dans son sens véritable, arrêter la lance, autrement dit stopper la violence.

Do : chemin, voie ou méthode exprimant un cheminement éducatif et spirituel dans une discipline spécifique.

Comme l'a si bien écrit Khalil Gibran, *l'âme passe par tous les chemins. Elle ne marche pas le long d'un fil, ni ne croît comme un roseau. Mais elle éclot tel un lotus aux innombrables pétales*. Faisant suite à sa pensée, je dis qu'il n'est point d'endroit spécifique où notre âme prenne lieu, car l'âme est notre souffle et ce dernier est imprégné partout en notre corps, partout en notre esprit, confirmant que nous respirons au-delà de l'air qui nous entoure, c'est l'émergence à l'intérieur de soi de quelque chose de complètement différent inconnu pour notre mental, mais familier à notre conscience. Ainsi, lorsque nous intégrons cela il n'y a plus de limite à notre évolution. Bien sûr, dans le respect et l'équilibre des lois de la vie et des mystères de l'univers !

La vie est amour, la vie est création. Notre vie doit être à cette image. Là est l'esprit qui habite notre dojo intérieur. Cet esprit est porteur du sens véritable de l'être humain.

« Percer le voile de notre ignorance...
Franchir le labyrinthe de nos souffrances...
Servir la vie et non la détruire...
En respirant totalement de son plein potentiel
Là est la quête de l'existence...
Soit...Être Humain, tout simplement »

La Sensei Attitude
L'esprit d'un samouraï moderne : le Sage en Soi
1 et 1

Je dormais et je rêvais que la vie n'était que joie.
Je m'éveillais et je vis que la vie n'est que service.
Je servis et je compris que le service est joie.
Rabindranàth Tagore

Sensei : professeur, instructeur, un enseignant en général. Ce terme n'est pas réservé uniquement au domaine des arts martiaux. Il a aussi le sens de *celui qui est né avant*, témoignant naturellement par cette expression une notion de respect. Le *sensei* est celui qui amène l'élève à progresser. Au dojo, le sensei devient la référence et dans les arts martiaux, ce titre vient très souvent avec l'attribution de la ceinture noire (Shodan).

Souvent dans la pratique martiale, celui qui reçoit sa ceinture noire et le titre de *sensei* croit avoir atteint son but ultime, alors que c'est tout le contraire. Inspiré du principe **Mudo** lorsque l'on reçoit le titre de Sensei, c'est plutôt le début d'un long parcours. Le principe **Mudo** : *la Voie du vide* désigne le cheminement intérieur vers une connaissance qui va bien au-delà de la compréhension et de l'application technique de l'art martial. Il en est de même par la *Sensei Attitude*, c'est le début d'un long travail en profondeur qui commence pour tous ceux qui cheminent sur le noble chemin de la sagesse, *la Voie du milieu*.

La Voie du milieu peut se comparer à un instrument de musique bien accordé où les cordes ne doivent être ni trop lâches (laxisme), ni trop tendues (rigidité). La Voie du centre n'est pas la moitié ou une partie de quelque chose ou un point avec un peu de ceci de gauche et un peu de cela de droite. Tout part et revient à partir d'un centre, le mot le dit, c'est le centre, le cœur de ce qui existe. Spirituellement, la Voie du milieu repose sur la sagesse, le chemin vers l'éveil. Psychologiquement et physiquement, cette voie repose sur l'harmonie, l'équilibre, la sérénité et le discernement, l'exemple d'une saine santé physique et mentale. Et socialement, la Voie du milieu repose sur le respect, l'ouverture sur une vie salutaire, intelligente et créative. Le modèle d'une société idéale.

Dans le bouddhisme, ce noble sentier est identifié au bodhisattva. Tel que mentionné dans le prologue, le bodhisattva est l'être idéal. Il chemine vers l'éveil, pas seulement pour lui-même, mais aussi dans le but de conduire tous les êtres vivants vers leur libération. Cette image peut sembler messianique, digne d'un grand héroïsme, frôlant la sainteté, mais si nous ramenons cet idéal à une échelle de valeur s'identifiant à une spiritualité laïque, et en regardant ce même idéal d'un œil très réaliste, faire naître en soi notre esprit bodhisattva est une des solutions à la paix et à l'harmonie en ce monde.

La philosophie du bodhisattva, en ce qui nous concerne, se caractérise par l'esprit d'un Samouraï Moderne qui pousse à l'intégrité, à être l'exemple de ce que l'on dit, de ce que l'on fait. Nous sommes porteurs d'une mission, d'une responsabilité envers la vie, celle de la servir et non de la détruire.

La transformation de la pensée

Pour que cette philosophie puisse se réaliser en notre cœur, nous devons tout d'abord transcender nos vieux schémas de pensée. *La transformation de la pensée*. Cette étape dans le cheminement vers l'éveil permet de transcender le **1 contre 1** en **1 et 1** pour passer de la dualité à l'harmonie, de l'individualisme à l'interrelation : la synergie, le moteur de la *Sensei Attitude*. La transformation de la pensée est inspirée du principe zen *Gedatsu*.

Du sanskrit Vimuki, **Gedatsu** mot japonais, peut se traduire par libération et peut être défini comme une évolution vers une renaissance, un renouveau. Un présent découlant d'un passé pardonné et guéri, une transformation réelle et sincère vers une libération consciente. Un passage définitif vers un autre ordre d'action et de vie.

Miroir, miroir que vois-tu ? Qui suis-je ? Qu'est-ce que la vie ? Qu'est-ce que ma vie ? Lorsque ces questions nous frappent de plein fouet, c'est le début d'une grande aventure. Commence alors notre auto questionnement, notre premier pas vers la compréhension et la connaissance de nous-mêmes.

Par l'entremise de notre petite voix intérieure, notre âme a pris l'initiative de se dévoiler, de nous parler et nous de l'entendre, de percevoir son reflet, souvent pour la première fois de notre vie. Sauf que, faire face au miroir et tenter de répondre à ces questions ne sont pas une chose facile et demande courage, humilité et honnêteté. Nous entrons en intime relation avec nous et prenons alors conscience que nous ne nous connaissons pas vraiment.

Nous sommes en général plus souvent un autre que nous-mêmes, camouflé ou caché sous différents masques, différentes armures ou carapaces qui, soigneusement ou violemment, nous emmitouflent ou nous emprisonnent dans nos peurs et nos illusions, coincés dans le labyrinthe de nos souffrances.

Au travers des conditionnements, nous devenons l'image conceptuelle que famille, éducation et société, etc. nous inculquent et que notre cerveau enregistre et programme. Autrement dit, nous sommes le produit des idées et des convictions des autres. Ce que notre mental conçoit de la vie n'est que la pointe de l'iceberg comparativement au bagage que possède notre âme. Malheureusement, nous sommes principalement construits sur de vieux schémas de pensée et systèmes de croyances démodées, des fixations créées par notre mental qui tristement vont à l'encontre de notre évolution intérieure en faisant interférence à la vraie nature de notre esprit.

Il est dit que l'être humain est et devient ce qu'il pense. Il est de plus en plus démontré que nous sommes le miroir de nos pensées et que nous sculptons notre vie en fonction de notre façon de penser. Ce n'est pas tant ce que nous voulons qui importe, mais comment nous pensons. Lorsque l'harmonie est créée entre nos pensées et nos émotions et que celles-ci sont conscientes et positives, notre âme peut enfin s'exprimer par nos pensées et nos actions, ainsi nous sommes alors plus enclins à transformer notre façon de penser, de voir et de concevoir la vie. C'est l'expression de notre âme ou le souffle retrouvé de notre esprit pour notre réalisation. Alors, notre vie devient un yoga avec l'existence.

Voici donc trois façons de transformer sa pensée :

I - Prendre conscience de notre esprit ordinaire

L'esprit ordinaire que les Tibétains appellent Sem est l'esprit discriminant, dualiste, chaotique et répétitif. L'aspect lourd et sombre qui empêche la vraie nature de l'esprit de se manifester. Dans la philosophie japonaise, l'esprit ordinaire se définit comme le mental superficiel, fixe et obtus « Yushin », comparativement au non mental, l'esprit originel « Mushin » qui est la conscience qui laisse pénétrer la lumière de toute chose.

Toute élévation spirituelle implique une descente. L'évolution de l'âme, le chemin vers l'éveil, la lumière, n'est possible qu'en acceptant de traverser les sombres profondeurs de son être. Il est aussi démontré que l'esprit est l'assise universelle de notre expérience en tant qu'être humain. C'est l'esprit qui est créateur du bonheur, créateur de la souffrance. Voilà pourquoi, par notre sagesse et par notre volonté, nous devons élever nous-mêmes notre vie. Ce qui amène à parler du mal que notre esprit peut créer.

Il y a tellement de violence, de haine, de souffrance et de désordre en ce monde qui nous prouvent que le mal existe et que le plus beau cadeau que nous puissions lui faire est de nier ce mal. Sauf que, face à cette souffrance, à ce mal bien réel, il ne sert à rien de se faire violence ou de paniquer. Nous devons développer une sérénité face à cette réalité, car elle fait partie de notre développement. Ainsi, passer de l'apathie à l'empathie, en prenant conscience et en reconnaissant ce mal qui nous emprisonne dans nos souffrances, devient alors vertu et nous donne la volonté et la force de nous en délivrer.

Lorsque l'on parle de mal ou de démon, des images de monstres, de créatures hideuses ou de phénomènes extraordinaires défilent en notre esprit. Le mal n'est pas nécessairement ces représentations et encore moins un être demeurant quelque part dans les flammes d'un enfer. Cet enfer, nous le créons chaque jour en notre esprit donnant ainsi trop de pouvoir à notre esprit ordinaire. Une subtile et chaotique malice s'est confortablement installée en ce monde. Le premier combat contre la méchanceté humaine commence en soi-même. Au lieu de vouloir changer tout le monde, si chacun livrait son propre combat intérieur, nous grandirions en tant que société. Ce que nous aurons voulu éviter, nier, oublier ou rejeter reviendra un jour, dans cette vie ou dans une autre.

Menés par l'orgueil et la lâcheté, nous sommes experts dans l'art de vouloir combattre notre prochain et gonfler notre ego, ou très enclins à vouloir éviter toute forme de controverse, fuir nos responsabilités ou abdiquer face aux épreuves. Mais s'affronter et ne plus se sauver de soi-même demandent beaucoup de courage et surtout énormément d'humilité. C'est la marque d'un vrai guerrier, c'est vouloir se connaître au lieu de vouloir conquérir autrui, comparativement à un être faible qui cherchera sans cesse un bouc émissaire afin de s'échapper de lui-même.

L'être humain est bon à la source, mais cette source nous l'avons enterrée, semant le désordre sur cette terre. Ce qui était fertile se contamine à un rythme effrayant. Nous nous sommes détournés de notre vraie nature, laissant celle-ci endormie et empêchant ainsi la beauté de notre cœur de se révéler. En demeurant en surface, c'est-à-dire en vivant superficiellement, en refusant de plonger en nous afin de nous autoguérir, de nous autopurifier ou en nous entêtant à valoriser le « *je ne vois rien, je n'entends rien et je ne dis rien* », le mal continue à grandir sur cette planète. Paradoxalement, il ne faut pas vouloir le détruire, car ainsi il aura eu raison de nous, nous serons devenus à notre tour une source de mal. En vérité, l'esprit du mal existe pour nous pousser à nous surpasser en tant qu'être humain. C'est notre test ultime pour nous obliger à faire émerger la force d'amour qui respire en nous.

Nous avons l'intelligence et la sagesse en tant qu'être humain de transformer notre esprit ordinaire en l'irradiant d'amour et de compassion. L'inconditionnel amour, la grande compassion, porte en son cœur le remède à la vie. C'est par cet amour que nous pouvons plonger dans les eaux tumultueuses de nos souffrances et en remonter plus conscient.

En réalisant la réalité de notre esprit ordinaire et en semant en notre cœur les graines de la vigilance, de la sagesse et de la compassion, nous

nous débarrassons de notre narcissisme et nous nous préparons à notre instant de vérité, l'ultime confrontation avec soi-même. Avant d'arriver à cette étape, il est primordial de comprendre les manigances et de démasquer les différents visages que peut emprunter notre esprit ordinaire, le côté sombre de notre conscience.

L'esprit ordinaire est synonyme d'instabilité et de fragilité émotionnelle. Non centré et influençable, il vacille devant les influences des conditionnements extérieurs. Un peu comme la flamme d'une bougie vulnérable au courant d'air.

Il est aussi comme un pendule, toujours d'un extrême à l'autre, en constante dualité, instable et chaotique. Il nous maintient constamment dans l'illusion. De plus, il est très pesant, lourd à porter, créant *pattern* sur *pattern**, salivant de plaisir à nous garder prisonniers de nos souffrances. Aux antipodes de l'harmonie, sa nature discriminante et justificatrice se nourrit de conflits, d'indiscipline, de mensonges et de tricheries et nous éloigne des sentiers de la sagesse. Cet esprit ordinaire nous déresponsabilise et nous amène à ressasser les trop bien connus « *ce n'est pas de ma faute, je n'ai rien à voir là-dedans, je ne sais pas, je ne comprends pas ce qui se passe* », et sans oublier cette phrase utilisée à tout escient : « *Ce sont mes droits.* »

Il semble très clair que le respect des droits dépassant le sens des responsabilités est comme un train sans locomotive filant assurément vers une déroute, un déraillement certain. Notre liberté, supposément démocratique, devient alors une prison entourée de lois créées pour contrer notre irresponsabilité, nous empêchant de respirer et de vivre librement dans le respect de nos droits, de la vie et d'autrui. Nos droits, qui normalement devraient être appliqués et respectés, deviennent plus sou-

* Pattern : mot anglais signifiant schéma répétitif

vent qu'à leur tour bafoués, ignorés, écrasés et rejetés. La démocratie devient alors sa propre menace construisant bien involontairement une dictature déguisée.

Ainsi par cet esprit ordinaire, nous nous désensibilisons, faisant naître un individualisme sauvage, maître à penser de nos sociétés, semant en nos consciences cette névrose : *« J'en ai rien à cirer, je m'en fous, je me fous des autres, etc.* » Cette déresponsabilisation et cette désensibilisation nous déshumanisent, nous anesthésient face aux souffrances, douleurs, misère et problèmes d'autrui.

Il est inconcevable que la guerre prédomine sur la paix, que l'économie ait plus de valeur que la vie elle-même. Il est fondamental que nous ayons une prise de conscience globale à ces sujets. Le but de notre esprit ordinaire est, par le mensonge, d'enfanter dans l'esprit de l'humanité la peur et la douleur et une intelligence artificielle robotisée exsangue de toute conscience spirituelle.

La vie nous parle. La planète nous parle. Nous sommes de plus en plus menacés autant par les éléments de la nature que par cet esprit ordinaire qui nous incline à devenir notre propre menace, en raison de notre insouciance, de notre indifférence, de nos multiples hostilités, de notre égoïsme et de notre orgueil si valorisés ainsi que par notre arrogante ignorance.

Nous n'arriverons à rien de concluant tant et aussi longtemps que nous refuserons de voir nos propres travers et imperfections avec autant d'attention et avec la même ferveur que nous nous employons à juger ce qui est à l'extérieur de nous. Notre mental fera tout en son pouvoir pour nous éviter tout examen de conscience. Nous ne devenons pas mauvais ou méchants subitement, cela découle d'un parcours progressif ponctué de choix souvent guidés par la souffrance ou l'ignorance.

On ne peut vouloir changer seul le monde, ce qui serait prétentieux, mais en revanche, la survie de l'humanité passe par une guérison de l'âme de tous et chacun. Nous sommes tous interreliés et embarqués sur le même bateau. Humblement et courageusement, nous avons le pouvoir de transformer notre conscience, de transcender notre esprit ordinaire et de ne plus faire l'autruche ou l'aveugle devant la réalité, et surtout de ne pas baisser les bras face à nos responsabilités. Il nous faut cesser de vivre cachés de nous-mêmes dans la négation du pourquoi de notre destinée.

II - Transcender notre ego

Transcender son ego est un Budo du cœur, c'est-à-dire une réconciliation avec soi afin de faire de sa vie un yoga avec l'existence, soit l'*Art de la paix*. Pour comprendre et progresser dans l'art de transcender son ego, je me suis inspiré de deux principes fondamentaux liés à la science du Budo : **Kan** et **Mushin No Kokoro**.

Il existe une vérité qui n'est pas exprimée : en chacun de nous vit un sage, un génie et un maître. Nous portons en notre cœur les graines de la sagesse et de l'amour. Mais en réalité, c'est tout le contraire que nous exprimons. Notre ego, autant est-il en train de tout détruire et de ce fait de nous auto détruire, autant a-t-il le potentiel pour réparer, reconstruire, voir même plus. Mais pour accéder à notre plein potentiel, cette grandeur d'âme qui nous habite, que cela soit personnel ou collectif, comment faire ?

La nature nous avertit que la terre s'appauvrit et que les ressources naturelles diminuent. De plus, la moitié de l'humanité n'a même pas le minimum vital. Des millions de gens meurent chaque année de malnutrition, de soins de santé déficients et de besoins essentiels et existentiels inassouvis, etc. Dans les pays dits modernes, le cœur des populations vit injustement sous ou près du seuil de la pauvreté. Notre monde se meurt du manque d'amour et d'authenticité, d'absence de sens et de valeurs profondes. Sommes-nous si inconscients au point de tout saccager autant notre évolution que toute vie sur terre ? Nous ne devons pas nier ou ignorer que nous sommes les plus grands prédateurs sur cette planète.

Le dessein de l'humanité est autre chose que la fabrication d'un moi-je. J'ai la profonde conviction que ce n'est pas vraiment ce genre de réalisation que nous sommes supposés accomplir. Il me semble que quelque chose de plus noble et de plus valeureux nous est destinée. Aussi, pour que nous soyons en pleine complétude, nous devons retrouver cette partie spirituelle qui est en nous et dont nous avons plus ou moins conscience. Cette citation prêtée à André Malraux*, *le XXIe siècle sera spirituel ou ne sera pas* se prête très bien au présent traité et nous renvoie à qui nous sommes en tant qu'être humain. Humain avec un grand H, celui qui n'est pas juste *un mécanisme d'une grande complexité*, mais un être humain qui doit trouver ou retrouver des valeurs universelles afin de donner ou redonner un sens à sa vie et à la vie, le réveil de la conscience.

Réponses et solutions sont présentes en nous, tous et chacun avons la grandeur d'âme pour semer en ce monde les graines de l'harmonie, de la prospérité et du respect. Il nous faut apprendre à vivre et non pas juste exister. Voir au-delà de notre regard ordinaire pour notre marche vers la liberté, *lève-toi et marche*. Les seuls obstacles existants, les seu-

* André Malraux : écrivain, aventurier et homme politique français.

les limites créées sont uniquement celles que nous nous imposons. Transcender notre ego pour la réalisation d'un monde meilleur, conscient et intelligent est de la manifestation du possible.

La première étape dans l'art de transcender notre ego s'inspire d'un des principes du Budo, *Kan*.

Principe I : Kan, le miroir de l'intégrité

Kan est un mot japonais signifiant courageux, décidé et aussi, intuition, sensibilité extrême, sixième sens. C'est une faculté importante dans les arts martiaux, comme celle de voir au-delà des apparences, des choses, de pénétrer leur essence. Comme par exemple en combat, être capable de voir à travers l'esprit d'un adversaire, de découvrir ses faiblesses sans se compromettre et deviner le moment de l'attaque. Mais le plus dangereux de nos adversaires ou le plus féroce de nos ennemis n'est nul autre que nous-mêmes. Faut-il au moins le voir et l'accepter ?

Le miroir, symbolise la sagesse et la connaissance, il est l'instrument de l'illumination. Par le miroir, la vérité, la sincérité, la pureté, l'essence du cœur et de la conscience se reflètent à ceux qui veulent bien voir au-delà des formes. Grâce au miroir de notre âme, nous pouvons voir le chemin de la transformation, de la libération (Gedatsu), menant à l'éveil (Satori).

L'intégrité est l'état d'une chose qui demeure entière, l'honnêteté absolue.

Voici donc une projection à propos de l'énergie de destruction et d'autodestruction présente en ce monde et dont nous sommes tous plus ou moins responsables. Dans la *Théorie du souffle retrouvé*, cette sombre énergie se nomme le faux ego. Il est le porte-parole de notre esprit ordinaire conçu par le manque d'amour. Ce faux ego crée en nos consciences un labyrinthe de souffrances et tisse en nos cœurs un voile d'ignorance. C'est par le manque d'amour que la misère existe et c'est par le manque d'amour que nous souffrons.

Il ne faut jamais perdre de vue que tous, sans exception, sommes plus ou moins sous la gouverne de notre faux ego que cela soit personnellement, socialement ou universellement. Ignorer sa présence, méconnaître son existence, fuir devant ses différents visages, c'est créer l'enfer sur terre et en notre cœur.

Typologie du faux ego en trois stades

*Le premier stade est l'**Aspect Contrôlant***

Cet aspect se manifeste lorsque notre hémisphère gauche (le mental) prédomine. Ce défaut comportemental crée par notre esprit ordinaire cause une constante dualité. Le plus affligeant est que cet aspect est totalement banalisé par la société en devenant pratiquement une normalité.

L'aspect Contrôlant est l'antithèse du lâcher-prise et de la prise de conscience. Il se définit par la possessivité, la manipulation et le contrôle. Son leitmotiv est :

l'égoïsme
l'esprit calculateur
la médisance

le mensonge
l'hypocrisie
la déloyauté

le mental obtus
la dépendance
l'envie

l'arrogance
l'indifférence
le ressentiment

l'intolérance
le jugement
la suffisance

la mémoire sélective
la colère
l'esprit accusateur

l'agressivité
l'intimidation
la jalousie

etc. (liste non exhaustive)

*Le second stade est l'***Aspect Conquérant**
Cet aspect de nous-mêmes se révèle lorsqu'il y a une déficience communicative de l'hémisphère gauche envers l'hémisphère droit (la conscience). Cette déficience comportementale conduit vers l'obscurantisme et créée la souffrance inutile. Comparativement à l'aspect Contrôlant qui est banalisé, l'aspect Conquérant, lui, est valorisé. L'histoire de l'humanité ainsi que la plupart de nos sociétés sont construites sur les valeurs liées à notre aspect conquérant.

Cet aspect est l'antithèse de l'harmonie et du respect. Il se définit par le vampirisme (psychique), le narcissisme et le désir de conquêtes.
Son leitmotiv est :

la dépendance compulsive
le syndrome de l'enfant roi
la méchanceté

le mépris
le lynchage psychologique
l'arrivisme

le rejet
la délinquance sociale
la vanité

la soif de reconnaissance
l'égocentrisme
l'esprit vengeur

la déshumanisation
la soif de pouvoir
l'occupation

la fourberie
le contrôle maladif
le vol

l'avidité
la déresponsabilisation
le fanatisme

la perfidie
la condescendance
l'envahissement
l'orgueil démesuré
la spéculation
la violence

l'inconscience
La recherche imminente d'un bouc émissaire
l'extrémisme :
A) sous le rôle de bourreau : la dictature
B) sous le rôle de victime : l'anarchie

l'exploitation
l'avilissement
etc. (liste non exhaustive)

*Le troisième stade est l'**Aspect Prédateur***
Ce sombre aspect de l'être humain est généralement maîtrisé. Mais un fait demeure, il est présent dans l'esprit de tous et chacun. Notre aspect Prédateur se réveille lorsqu'il y a coupure au niveau de la conscience (hémisphère droit) et des émotions (2e étage du cerveau).

Par l'aspect Prédateur, nous parlons de démence et d'aliénation consciente et volontaire.

Dans ce cas de figure, la démence n'est pas, par une absence de faculté et l'aliénation, un manque de connaissance. Bien au contraire, malgré cette coupure, le niveau intellectuel (hémisphère gauche) n'est pas affecté, il est même parfois plutôt amplifié. Cet aspect est l'antithèse de l'amour et de la sagesse et pourrait être défini comme le mal dans sa plus simple expression. Son leitmotiv est :

la haine
toute forme d'apathie
toute violence extrême

l'avarice
la destruction
la tyrannie (à tous les niveaux)

la cruauté
la barbarie
la lâcheté
le viol (physique et psychique)
etc. (liste non exhaustive)

Même si cela semble difficile à accepter, ces trois stades de notre ego sont le triste constat du côté sombre de tout être humain. Pour arrêter ce processus et faire naître le changement, nous devons accepter de regarder cette dure réalité. Comme il est enseigné dans l'art du combat, le premier principe fondamental à intégrer est *connais ton ennemi*. Ainsi, il faut sans cesse nous rappeler que l'ennemi est tout d'abord en nous et que nous devons traverser les sombres aspects de nous-mêmes pour trouver la paix en notre cœur.

Transcender notre ego, c'est élever notre conscience vers une sage intelligence de vie. Ce qui nous amène à la seconde étape dans l'art de transcender notre ego. L'alchimie du cœur, *Mushin No Kokoro*.

Principe II : Mushin No Kokoro – L'alchimie du cœur

Mushin No Kokoro est le but ultime pour atteindre l'état Mushin qui est l'esprit pur détaché de tout esprit de calcul, libéré des affirmations de l'ego, vide des attachements de la pensée.

Mushin signifie l'esprit originel en japonais, ce que les Tibétains appellent Rigpa, la vraie nature de l'esprit, et sous d'autres croyances, peut se nommer, Esprit saint, Essence cachée, le Soi, etc.

Mushin No Kokoro est le regard du cœur qui a percé le voile des illusions. C'est la route qui mène à l'éveil (Satori).

Par l'alchimie de notre cœur, nous parlons de vivre et non pas d'exister. Voir au-delà du regard ordinaire en transcendant le faux ego pour découvrir le bon ego, le côté lumineux et humain de nous-mêmes. Le réveil nécessaire pour notre marche vers la liberté, *lève-toi et marche*. Par cette prise de conscience, rendue possible par la volonté d'une croissance intérieure, nous enclenchons le processus de transformation permettant ainsi de percevoir la vie différemment, soit la lumière qui perce le voile de notre obscurantisme. Donc un lâcher-prise face à nos peurs, nos illusions et nos conditionnements. Une vision de prévention devient de plus en plus un réflexe naturel. La protection et la conservation de la vie nous touchent directement au cœur, le respect est inévitablement présent dans nos pensées et nos actions. Nous sommes alors conscients qu'une âme évolue à travers nous et nous à travers elle.

C'est au centre du labyrinthe de nos souffrances, au cœur de notre esprit ordinaire que se trouve l'unique ouverture pour la libération de notre âme. La réconciliation avec Soi et avec l'extérieur. Pour cela il faut arrêter d'avoir peur de soi, de la vraie nature de notre esprit. Sauf que de la peur nait l'expérience du courage et lorsque nous prenons conscience de la splendeur de notre âme le guerrier du cœur en soi se lève et nous nous libérons de l'emprise de notre faux ego.

Cette citation du fondateur de l'Aïkido, Morihei Ueshiba, exprime assez bien ce qu'est l'esprit du Budo :

> *Le Budo ne consiste pas à abattre l'adversaire par la force ; et il n'est pas non plus un instrument pour mener le monde à sa destruction par les armes.*
> *Le vrai Budo consiste à accepter l'esprit de l'univers, à garder la paix dans le monde, à produire, protéger et cultiver convenablement toutes les choses dans la nature.*
> *S'entraîner au Budo, c'est recevoir l'amour de Dieu, qui produit, protège et cultive correctement toutes choses dans la nature, et l'assimiler et l'utiliser dans notre esprit et notre corps.*

Typologie des trois aspects du bon ego

Le sage, le génie et le maître sont le juste et pur reflet de notre âme. N'est-il point écrit que nous sommes à l'image de Dieu et que Dieu est amour, sagesse et création ?

Le Sage en Soi. Il va de soi que par le Sage en Soi nous parlons de sagesse. Guidé par l'humilité et le courage nous sommes un rassembleur. Un diplomate au service de la paix et de l'harmonie non déguisé pour protéger certains intérêts. Par le Sage en Soi, nous sommes un éclaireur de conscience et voyons au-delà de notre regard ordinaire. Nous sommes de fins observateurs de la vie dans le respect de toute vie. Discernement oblige.

Le Génie en Soi fait éclore notre créativité. Construire et créer sont notre souffle. Inspiratif, visionnaire, conscient et intelligent, ce Génie en Soi fait de nous un leader souple et déterminé prêchant par l'exemple. Nous sommes, par ce Génie, des maîtres artisans pour la construction d'un monde meilleur. L'aspect volontaire de notre personnalité émerge naturellement. Audace oblige.

Le Maître en Soi révèle en notre esprit l'art de la maîtrise. Nous intégrons le fait que toutes pensées, paroles ou actions, valeurs et sens de notre vie sont orchestrés dans l'inconditionnel. Nous réalisons que la vie est amour et service et que servir est joie et liberté. Intégration oblige.

Pour certains, il peut sembler naïf de croire que par la conscience et l'intelligence nous pouvons transformer notre faux ego. Mais j'ai l'entière conviction que c'est le seul remède pour guérir le mal à sa racine. Je pense que c'est aussi notre test d'existence, la quête initiatique de notre présence sur cette terre : *transcender notre esprit contrôlant, notre esprit conquérant et ce côté prédateur qui nous anime afin qu'émerge du plus profond de nous-mêmes, notre esprit de sagesse, de créativité et d'amour.*

C'est notre intégration en tant qu'être humain, l'alchimie intérieure, le regard du cœur qui a percé le voile de l'ignorance et qui a franchi le labyrinthe de la souffrance pour cheminer dorénavant sur la route qui mène à l'éveil, *Satori*, la réalisation de soi.

Si chacun de nous accepte de transcender son ego, il fermera la porte au mal. Il n'y aura alors plus de chute vers celui-ci tout en sachant que ces trois aspects de nous-mêmes seront toujours présents : vigilance oblige. Ce n'est pas une utopie, mais bien une foi et une conviction que l'être humain a assez d'amour, d'intelligence, de sagesse et de courage pour se *délucifèrer* du spectre du faux ego et maîtriser son esprit face à l'ignorance et à la souffrance inutile.

L'ego dépouillé de sa fausse identité respire d'intelligence, d'humour, de bonté, de rêve et de joie. Il n'est pas synonyme de perfection, bien au contraire. Cela veut simplement dire être conscient de nos états d'âme, de notre façon de penser et vigilant face à nos comportements, notre façon d'être et surtout avoir un cœur aimant et compatissant. C'est la base essentielle, l'assise solide pour une vie saine et équilibrée. Le bon ego est le vrai visage des pensées et des émotions et celui-ci est illuminé par la sagesse universelle et par l'amour inconditionnel.

Une transformation que nous avons tous un jour ou l'autre l'opportunité de vivre. Une transformation qui ne signifie pas devenir quelqu'un d'autre, mais simplement et humblement se découvrir ou se redécouvrir dans le respect de ses forces et de ses faiblesses ; avoir le courage, l'humilité et l'honnêteté de se regarder dans le miroir de son âme.

Pour tout simplement Être, pas plus pas moins. Être Soi, Être Humain, Être un Esprit Libre, conscient et heureux de respirer la vie. Car l'homme ordinaire pense qu'il sait... et le vrai guerrier du cœur Est... tout simplement.

III - Se libérer de notre vieille armure

Inspiré par ces paroles du Bouddha : *rester en colère, c'est comme saisir un charbon ardent avec l'intention de le jeter sur quelqu'un, c'est vous qui vous brûlez* », abordons maintenant le sujet du pardon.

Le pardon indique le passage de la peur jusqu'à la lumière spirituelle, la route vers la paix intérieure et la vraie nature de l'esprit. Le pardon devient notre victoire personnelle sur la souffrance et l'ignorance.

Il est de plus en plus prouvé que de nombreux malaises et maladies découlent de rancœurs, de colères refoulées, de ressentiments, de non-dits et de haine qui rongent subtilement le corps jusqu'à l'âme ou inversement rongent l'âme jusqu'au corps.

Une émotion négative, la rancune par exemple, crée un lien invisible nous enchaînant avec la personne ou la situation, construisant ainsi dans notre mental une prison nous empêchant de respirer la liberté de la vie. Au fond, toutes les énergies déployées dans une situation non guérie broient l'estomac, stressent et rongent l'intérieur. Selon l'intensité, ces émotions négatives deviennent subtilement destructrices, provoquant ainsi toutes sortes de déséquilibres, allant du malaise bénin jusqu'à la crise cardiaque ou le cancer.

C'est là qu'intervient le pardon, le vrai pardon, celui du cœur. C'est certain, il y a des situations difficiles à pardonner et même impardonnables. Donc, pour nous protéger contre celles-ci, il faut du moins pardonner le cœur de la ou des personnes concernées pour nous délivrer de notre prison de souffrances en laissant la justice humaine, karmique ou divine, selon nos croyances jouer son rôle. Le pardon donne l'opportunité d'une totale réconciliation avec notre vie, avec la vie et cela n'a rien à voir avec une réconciliation avec l'offenseur ou l'agresseur.

Voici maintenant les cinq étapes fondamentales
dans le processus du pardon :

ÉTAPE 1

Prenons réellement conscience de nos douleurs, mettons des images sur nos émotions, regardons la situation droit dans les yeux. Si nous pensons à une personne ou à une situation et que nous sentons des énergies négatives refaire surface, c'est clair, nous avons mis le doigt sur le bobo et le pardon n'est pas fait.

ÉTAPE 2

En quatre temps :

- À l'inspiration (souffle d'acceptation) : *nous acceptons la situation en toute humilité.*
- À l'expiration (souffle de réconciliation) : *nous consentons en toute bonne foi à vouloir pardonner.*
- À l'inspiration *: nous faisons la demande de nous emplir de courage et de sérénité.*
- À l'expiration : *nous lâchons prise face à nos peurs, à nos souffrances et à nos préjugés.*

C'est l'étape cruciale, un pas primordial vers la liberté.

ÉTAPE 3

L'empathie est le guide. Soyons capables de nous mettre à la place de l'autre tout en essayant de percevoir et même de ressentir ses raisons, ou bien de comprendre les origines de la situation. Par cette troisième étape, avec les yeux du cœur, il nous est possible de comprendre les souffrances et les peurs de ceux qui nous ont faits du mal. Se mettre à la place d'autrui enlève l'emprise de notre moi égocentrique, ouvre le cœur à la compassion, nous oblige ainsi à nous gratter le fond de l'esprit et nous incite à prendre conscience qu'il n'y a pas que nous qui existons, qui souffrons ou qui sommes heureux. Comme il est mentionné précédemment, pardonner ne veut pas dire se réconcilier avec ceux qui nous ont fait du mal. C'est un acte personnel qui défait de la rancune, de la haine, etc. Il est important de comprendre cette différence.

De là, l'empathie aura pris les commandes de notre souffle. Une libération nous attend.

ÉTAPE 4

Cette étape est le processus de la compassion. Par la grandeur de notre âme, soyons capables de voir dans la personne concernée un petit enfant qui souffre et visualisons l'acte de le prendre tendrement dans nos bras. Pour une situation précise, voyons la souffrance qui a fait germer celle-ci. Par notre compassion, sans aucune attente que ce soit, nous enlaçons la réalité de la vie.

À l'inspiration, enveloppons la personne concernée de tout notre amour ou pour une situation précise, accueillons l'ignorance qui en découle.

À l'expiration, avec un détachement sincère et sans attentes, laissons au passé le poids de cette situation ou la douleur qui nous consumait depuis longtemps.

ÉTAPE 5

Il faut nous pardonner d'avoir eu le doute de soi, du ressentiment, de la rancœur, de la haine, c'est la victoire sur nos douleurs.

À l'inspiration, *nous nous pardonnons, nous acceptons en toute humilité les leçons de nos erreurs. Nous nous responsabilisons face à nos actes et ainsi nous accueillons en toute simplicité les beautés et les chances qui nous sont données par la vie.*

À l'expiration, *nous nous déchargeons du poids de nos culpabilités (fausses ou réelles). Nous laissons au passé le lourd fardeau de nos regrets et nous visualisons un souffle nouveau, libre pour toute créativité, pour tout renouveau.*

N'oublions pas qu'une personne de cœur, un être humain authentique pensera toujours à s'excuser ou à demander pardon lorsqu'il aura blessé, offensé ou brimé. Il est de notre dignité de faire ce geste d'humilité et de courage.

Grâce à un pardon sincère, nous nous dépouillons ainsi de notre vieille armure, nous faisons peau neuve, tel un samouraï, nous avons accepté de mourir, un détachement s'est produit ; telle une chenille devenue papillon, nous sommes prêts à renaître à notre vraie nature, nous nous sentons libres. Voilà pourquoi nous nous appelons guerrier, voilà pourquoi nous portons en notre cœur et en notre esprit la philosophie d'un samouraï moderne.

Retrouver un noble sens des valeurs

La Sensei Attitude est en quelque sorte la naissance du Sage en soi. Elle nous insuffle l'énergie pour être proactif, l'action et l'intégration primant sur la théorie et l'intellectualisation. Le quotidien devient alors une sagesse appliquée dans le partage, le don de soi et du service envers la vie, qui ne sont pas que des souhaits, des idées ou des vœux pieux, mais plutôt des actions concrètes et réelles. Elle est la difficile ascension qui nous fait passer du savoir à l'action, de l'intellect à l'expérience vécue. L'évolution ne peut être saine et surtout réalisable si nous nous obstinons à garder les choses dans notre tête au lieu de les intégrer avec la totalité de notre corps et de notre esprit. Les connaissances s'appauvriront si nous les gardons prisonnières de notre intellect. Alors, elles s'épanouiront dans les épreuves et les leçons d'une expérience ou d'une action concrète. C'est la loi de la vie, une loi beaucoup plus puissante que l'intellect humain. C'est la pensée devenue réalité. L'art d'intégrer les choses par le mariage sacré du corps et de l'esprit.

La philosophie d'un samouraï moderne par la Sensei Attitude retrempe notre conscience dans les forces du Budo pour un mieux-être envers la vie. Nous prenons conscience que toute parole, pensée ou action destinée à blesser ou à détruire n'a plus sa raison d'être. Nous nous sentons unis à ce monde. Nous ne nous battons plus pour simplement nous battre, mais nous sommes réellement présents, conscients, vigilants et souples face aux épreuves et aux changements. C'est combattre sans se battre, c'est respirer la foi, l'espoir sans attentes.

Le cœur d'un samouraï moderne bat d'espoir pour la venue d'un monde conscient formé par l'union de toutes les sciences et des talents, forces et aptitudes de tous dans l'unique but de créer une œuvre terrestre digne de la pensée divine, *la pensée pure, juste et noble*. Faire ainsi partie intégrante du remède à la misère humaine. Il est important de savoir que chaque fois que nous exprimons par le plus profond de notre cœur du positif et de l'amour nous aidons la vie dans son cheminement vers la paix et nous sommes activés par cette énergie que nous diffusons.

Ce n'est pas en rejetant ou en nous isolant que nous bâtirons un monde meilleur. Nous devons mettre la main à la pâte ici et maintenant. N'attendons pas après un messie ou un sauveur parce que celui-ci vit en notre cœur, il est présent en nous pour nous seconder et nous guider dans la noble quête d'être un samouraï moderne. C'est à nous qu'incombe la responsabilité de nous faire évoluer. *Aide-toi et le ciel t'aidera*.

Le but de cette philosophie est de retrouver un noble sens des valeurs. Et les outils proposés sont le sage mariage entre le Code moral du samouraï, les Vertus de la chevalerie et du Bushido ainsi que le Noble sentier octuple qui, dans le bouddhisme tibétain, est la Voie qui mène à la cessation de la souffrance. *Quatrième des quatre nobles vérités du Bouddha*.

Code moral du Samouraï

Bonté, bienveillance :	Shinsetsu
Droiture :	Tadashi
Courage :	Yuukan
Respect :	Soncho
Maîtrise de soi :	Seigyo
Honneur :	Meiyo
Fidélité :	Chujitsu
Sincérité :	Seijitsu
Modestie, humilité :	Ken

Vertus de la Chevalerie

Loyauté
Prouesse
Sagesse et mesure
Largesse et courtoisie
Justice
Défense
Courage
Foi
Humilité
Franchise

Vertus du Bushido

Droiture :	Gi
Courage :	Yu
Bienveillance :	Jin
Politesse :	Rei
Honnêteté	Makoto
Honneur	Meiyo
Loyauté	Chugi

Il est certain que nous avons tous notre propre façon d'analyser ces vertus. Mais là où nous pouvons être tous unanimes, c'est sur le fait qu'elles devraient renaître en nos sociétés et en notre cœur. Parce qu'en regardant la dure réalité de la vie, nous pouvons très facilement constater que ces valeurs fondent comme neige au soleil.

Le Noble sentier octuple

La compréhension juste
La pensée juste
L'action juste
La parole juste
Les moyens d'existence juste
L'effort juste
La concentration juste
L'attention juste

La Compréhension juste

La Compréhension juste peut se résumer tout simplement par une citation de Marc Aurèle* : *Que la force me soit donnée de supporter ce qui ne peut être changé et le courage de changer ce qui peut l'être, mais aussi la sagesse de distinguer l'un de l'autre*, mieux connue aujourd'hui par : *Seigneur, donnez-moi la sérénité d'accepter les choses que je ne peux changer. Le courage de changer les choses que je peux et la sagesse d'en connaître la différence.*

La Compréhension juste, c'est avoir du discernement pour pouvoir percevoir les choses d'un point de vue global. Cette compréhension permet de réaliser la sage loi de l'impermanence des choses et de l'existence.

* Marc Aurèle : empereur et philosophe romain (121-180)

La Pensée juste et la Concentration juste

La Pensée juste et la Concentration juste, c'est la dualité qui perd son emprise. L'intelligence et la sagesse meublent nos pensées. L'instant présent et être conscient deviennent aussi naturels que respirer. Une attitude essentielle à la réalisation de soi.

La Parole juste

La Parole juste c'est la voix du cœur, la voix de l'âme. La victoire personnelle envers notre ego parce que la parole est devenue le champ de bataille des Temps modernes. Tel un combat extrême, chacun utilise les mots pour détruire, blesser, briser, se venger, brimer, etc. sans aucun égard au mal que cela peut causer.

Les mots sont très puissants. Une parole blessante frappe jusqu'à l'âme. Très souvent la blessure causée par la parole est plus difficile à guérir qu'une blessure physique. Alors puisse la parole juste être bienveillante, sage, fluide, constructive et expressive dans l'harmonie, le respect et l'affirmation de soi.

L'Action juste, l'Effort juste et les Moyens d'existence justes

Grâce à la Concentration juste, la Compréhension juste conduit à la Pensée et à la Parole justes qui naturellement deviennent Action, Effort et Moyens d'existence justes. Ils sont ainsi notre responsabilité d'existence basée sur la fluidité et l'harmonie, c'est-à-dire faire en sorte d'atténuer les douleurs, d'arrêter de causer des torts et par éthique, ne pas abuser d'autrui et de la vie. Et faire par de petits gestes quotidiens, son possible et être heureux, en créant un environnement sain et salutaire dans le noble objectif d'être un artisan pour la construction d'un monde meilleur.

L'Attention juste

L' Attention juste est l'ouverture de conscience, c'est la méditation qui devient action. Par l'Attention juste nous positivons et conscientisons notre vie en ne nous laissant plus distraire par nos pensées inconscientes. Nous sommes vigilants face au bavardage de notre mental, aux fausses perceptions et mauvais scénarios que celui-ci fabrique pour nous couper de la vraie nature de notre esprit.

L' Attention juste est le leitmotiv du Noble sentier octuple pour notre croissance personnelle. C'est déconditionner le mental de ses vieux schémas de pensée pour découvrir la pureté de son cœur.

Par l'Attention juste, nous sommes prêts à entrer dans l'arène de la réalité, un monde où échecs et réussites, défaites et victoires, peines et joies, colère et sérénité, épreuves et instants heureux sont à vivre.

En écoutant les signes de la vie, notre quotidien devient de ce fait une extraordinaire école de sagesse.

La Renshi Attitude
La projection du *Ki* : le Génie en Soi
= + *que 2*

Il faut accepter personnellement la responsabilité d'élever sa vie.
Chögyam Trungpa

Renshi : l'expert, le professionnel. Personne qui a été forgée, Ren. Le titre de Renshi est donné à celui qui maîtrise la technique et a une connaissance approfondie du style, *Ryu* ou de la voie, Do qu'il pratique. Dans les arts martiaux traditionnels, Budo, il possède le grade de 5e ou 6e dan. De plus, très souvent on lui attribue la fonction de directeur technique. Tout en recevant les honneurs de ce titre bien mérité (c'est en forgeant que l'on devient forgeron), il reste à la base et en son cœur un sensei.

La *Renshi Attitude* s'inspire du principe **Kime** : esprit de décision. Dans le Budo, ce principe est, par une concentration intense, la focalisation des énergies physiques et psychiques dans l'application d'une technique. Sans **Kime**, il ne peut y avoir d'efficacité. Kime est la manifestation parfaite de l'union du corps et de l'esprit. La notion de **Kime** qui est autant valable pour l'efficacité physique (technique) que psychique (la pensée) se définit par la projection de notre *Ki*.

La projection du Ki

Que signifie donc le *Ki* ?
Au même titre que les mots « *prana* » en indien, « *chi* » en chinois, « *pneuma* » en grec ou « *spiritus* » en latin, le mot « *Ki* » peut se traduire par l'énergie vitale, le souffle, l'esprit, l'essence de vie, etc. Celui-ci ne

relève pas du domaine du savoir, mais plutôt du senti, c'est le chant d'action de l'âme et non celui de l'intellect. Le *Ki* est un phénomène difficile à définir. Il est impalpable et pourtant perceptible, mystérieux et rationnel lorsque l'on en prend conscience. Il possède en sa subtile énergie, une force extrêmement puissante. C'est par le *Ki*, la nourriture de la vie qui anime le rythme de la nature, que nous intégrons le fait que nous respirons au-delà de l'air qui nous entoure.

Le *Ki* est garant de notre personnalité, de notre force de vivre, de notre charisme et de notre chemin d'âme, c'est l'art de respirer de son plein potentiel, soit renaître à sa vraie nature. Être souffle, être esprit et non pas uniquement un corps. On ne peut plus nier l'existence de l'esprit dans le corps. C'est l'esprit qui nourrit notre cerveau, qui anime notre corps et non le contraire. Dans l'exemple d'un être sauvage qui n'a aucune connaissance de la civilisation, placé devant un téléviseur, il croira fermement qu'il y a quelqu'un à l'intérieur. Pourtant, la réalité est que le téléviseur n'est que l'instrument de manifestation d'ondes, tout comme notre corps qui est l'instrument manifesté de notre esprit.

Dans la *Renshi Attitude,* projeter son *Ki* signifie donc projeter notre pensée vers les innombrables possibilités existantes en attirant vers soi une énergie similaire à notre état d'esprit. Nous attirons vers nous ce dont nous pensons, et recevons ce à quoi nous pensons et d'ailleurs, il est écrit que *nous récoltons ce que nous semons.* Cette loi métaphysique est aussi connue comme la Loi de l'attraction.

Cet adage *l'archer qui vise ne tire pas* lié à la philosophie du Kyodo (tir à l'arc japonais) exprime assez bien le concept de la psychologie moderne nommé la fuite en avant. La règle est simple, si nous courons sans cesse après des résultats, si nous courons sans cesse après de nouveaux projets, sans terminer ce qui a été débuté ou sans approfondir ce qui a été fait, nous ne mènerons jamais à terme nos projets. De plus, si nos pensées sont continuellement dans *j'ai besoin de ceci ou je ne veux pas de cela*, la réponse de la vie sera que nous serons constamment dans le besoin, nous recevrons tout ce que nous ne voulons pas. En portant sans cesse notre attention sur les problèmes au lieu des solutions, les problèmes grandiront et les solutions ne naîtront jamais, comme par exemple, nous devons militer pour la paix et non contre la guerre. Tout se joue dans cette subtile différence.

Par le Génie en soi, nous apprenons à projeter notre *Ki* positivement. Projeter son *Ki* est un processus puissant qui nous libère de nos vieux schémas de pensée. Il y a une loi de la vie non écrite qui enseigne que toute réalisation est construite sur une pensée libre, positive et créatrice détachée de toute emprise du mental. Dans une pure visualisation, nous devons aller au-delà du mental (vacuité), au-delà de l'intellect parce que sinon nous serons sans cesse coupés du but ou de la cible. Il faut être dans le non mental. La pensée détachée de toute forme de blocage causée par les conditionnements de l'ego, *Mushin, la pensée originelle*.

Mushin c'est l'état d'esprit où plus rien n'interfère. C'est voir la flèche atteindre la cible avant qu'elle ne parte, c'est *photographier* avec notre âme. Dans un langage plus occidental, nous appelons cela la *foi* et cela n'a rien à voir avec la religion. La foi est liée à la conscience, notre hémisphère droit qui guide notre hémisphère gauche. C'est trouver la félicité en arrêtant de la chercher. Pour que la pensée soit libre, sereine et dégagée de toute déviation, nous devons trouver en notre cœur la pure spontanéité du moment présent. La juste maîtrise qui fait qu'une action devient authentique, pure, le geste parfait, la pensée créatrice.

La foi nous connecte avec la grâce de la vie. Cette foi conviction change un rêve en réalité, l'utopie en pure création, l'impossible en possible. La foi dans l'invisible, dans l'inconnu, c'est la manifestation concrète dans le visible, c'est toucher à l'inconnu. N'est-il point écrit que *la foi déplace les montagnes ?*

Continuons avec un autre adage de la philosophie du Kyodo, *une flèche, une vie.* Cet adage se marie merveilleusement bien avec la Loi de l'attraction. Pour que la visualisation devienne action, nous devons être notre propre pensée. Dans le Kyodo cela se définit par la parfaite communion entre le corps, l'esprit, la flèche et le souffle. Dans la projection du *Ki*, le mariage corps/esprit signifie faire corps et âme avec la vie. Notre pensée et notre souffle ne font qu'un pour le grand saut dans les sphères de la conscience.

Ainsi, faire corps et âme avec la vie c'est développer une attitude positive et constructive qui est le fondement nécessaire au bonheur pour être en harmonie avec les lois de l'univers. En conclusion, la Loi de l'attraction, guidée par la Loi de la vacuité, renforce la Loi de l'interrelation qui est en étroite relation avec la Loi de l'équilibre. N'oublions pas que tout dans l'univers s'équilibre. Ainsi, en étant conscient de nos pensées, tout ce que nous demandons est fait en considération de soi, d'autrui et de la vie. Lorsque cette pensée est en plus positive, la Loi de la causalité (cause à effet) nous répond positivement. En poussant encore plus loin ma conviction, je crois que toutes ces lois réunies peuvent produire une guérison karmique tant au niveau personnel que collectif.

La projection du *Ki* ou Loi de l'attraction ne sont pas synonymes de pensée magique. Avec la synergie de la sagesse et du travail, cette grande loi métaphysique peut créer des miracles, parce qu'*où la pensée va, l'énergie va, où l'énergie est, il y a création.*

Lorsque tout a été fait, il faut à ce moment lâcher prise, laisser le temps au temps de faire les choses. Dans la joie de nos efforts, nous devons respirer la sagesse du moment présent parce que pour toute création, un temps de gestation est nécessaire. De précieux et merveilleux instants pour la compréhension et l'intégration. C'est la recette pour respirer la vie, retrouver son souffle originel, voilà le sens véritable de notre présence sur cette terre. C'est-à-dire respirer de notre plein potentiel pour cheminer vers la connaissance de qui nous sommes. L'application concrète de la projection du *Ki* dans toutes les sphères de notre vie en développant une vision plus claire, un regard éveillé par la créativité, l'humour et la gratitude.

Par l'éveil de notre *Ki* et de notre pensée consciente et créatrice, nous comprenons que donner c'est recevoir. Qu'aimer dans l'inconditionnel ou que tout acte fait inconditionnellement est un nectar au goût du bonheur. Que la grâce et la gratitude, la joie et le respect sont des élixirs de vie. Qu'un cœur pur amène à une pensée juste et que la voie du cœur doit marcher main dans la main avec celle de l'intellect. Nous avons le pouvoir de créer un paradis sur cette terre. Notre pensée est le combustible pour être un être humain authentique. Le parfait équilibre entre la conscience et le mental, le cœur et la raison. Le mariage sacré en notre cœur du matériel et du spirituel. Ce processus de créativité est l'assise pour notre réalisation. Cheminement nécessaire pour participer à l'œuvre humanitaire et planétaire qui nous concerne tous sans exception.

L'art de projeter son *Ki* peut être comparable à l'ascension d'une montagne ou à une longue marche vers un lieu précis. Il faut dans un premier temps, avec foi, conviction et discernement, projeter notre *Ki* en visualisant le sommet ou l'objectif à atteindre, et en confirmant par notre pensée que cet objectif est déjà réalisé, qu'il est une certitude inscrite dans les forces de notre esprit. Ensuite, avec sérénité, détacher notre conscience de l'objectif ou du but et faire confiance à la vie pour laisser notre corps et notre esprit suivre le sillon formé par notre énergie, dans le *ici et maintenant*, faire un pas à la fois en rythmant notre foulée à notre respiration comme si rien d'autre n'existait que la gratitude du moment présent.

Sans être envahi par le désir du sommet ou l'anxiété de l'objectif à atteindre, nous avons visualisé l'impossible, nous l'avons officiellement inscrit dans notre esprit, pour ensuite, un pas à la fois, respirer le possible.

Respirer le possible

Respirer le possible, c'est apprendre à tirer droit au centre de la cible de l'existence et pour cela il faut semer l'amour parce que sans cette semence divine rien n'est possible. Mais si l'amour fleurit, plus rien ne sera impossible et nous pourrons arrêter l'hémorragie de ce monde en perte d'identité. Justement, tous les éléments sont présents pour construire une société de paix et de bonheur. Nous devons comprendre que les contraires ne sont pas des dualités, mais des outils de sagesse pour collaborer et travailler respectueusement dans et pour l'évolution. Du noir et du blanc naît l'arc-en-ciel de la vie, l'harmonie des différences. Il faut que ce monde accepte la Loi de la transformation afin que ce rêve soit réalisable. Chacun doit en son cœur vibrer de la quête du sens véritable de notre aventure humaine en semant en soi les graines de l'amour et de la sagesse.

Personne n'est parfait, là est probablement la perfection et c'est ce qui fait notre charme. Et personne, individu ou nation ne peut résoudre seuls les problèmes de la vie. Nous avons tous besoin des uns des autres, dans l'éveil du sens universel de notre responsabilité pour créer ce monde d'harmonie et d'intelligence. Il faut y croire, il faut apprendre à tirer droit au centre de son propre cœur et comprendre que nos comportements, nos états d'âme, donc qui nous sommes en réalité, sont :

- Le fruit de la structure évolutive de notre cerveau (les trois étages).
- L'ouverture de notre conscience (harmonie des deux hémisphères cérébraux).
- Nos stimuli (fonctionnement du cerveau en général).
- L'éveil de notre énergie vitale (*Ki*).

Il est donc important de créer un environnement sain, équilibré et stimulant pour continuer notre apprentissage de la vie, l'équilibre entre méditation et action, intériorisation et extériorisation, santé physique et santé mentale avec une saine alimentation du corps et de l'esprit. Il est vital de jumeler, à notre intériorisation, des activités extérieures permettant de sécréter créativité, joie et plaisir. Muscler notre cerveau en développant les différentes parties de celui-ci : un stimulus pour le corps et l'esprit.

Car en réalité viser au centre de son propre cœur, c'est transcender notre enfer intérieur et harmoniser la dualité qui est en nous pour aller vers la réalisation de soi. Cette réalisation ne peut s'accomplir sans une intelligente affirmation de soi, c'est-à-dire, s'affirmer pacifiquement et se démarquer respectueusement.

S'affirmer pacifiquement

L'affirmation de soi est proportionnelle à la valeur personnelle que l'on se donne, *estime de soi*. Si notre sens des valeurs est porté vers le matériel, nous nous sentirons toujours petit face à plus riche. Si notre sens des valeurs est le fruit du cœur, d'une conscience éveillée, peu importe où, peu importe devant qui, nous nous sentirons dignes d'être nous-mêmes. L'image et le respect porté vers soi et envers les autres découlent de notre façon de nous affirmer dans la vie autant par le silence, la parole, l'action ou l'inaction.

S'affirmer fait peur et est très difficile. Cela ne se fait pas par la force des poings, ni par la puissance des armes, ni par de sournoises paroles destructrices, ni par l'indifférence qui tue, ni en jouant à la victime manipulatrice ou en s'imposant dans le rôle du bourreau contrôlant, ni dans la dualité de s'élever, en écrasant et méprisant autrui ou en prenant la place de son prochain. Il est sage et intelligent de s'affirmer harmonieusement et surtout pacifiquement. Ce qui nous amène à un sujet très présent en ce monde : celui de la violence.

Bien devin celui qui dit pouvoir tout maîtriser ou tout contrôler. Face à la violence si réelle en opposition avec la non-violence que tous espèrent voir naître sur cette terre, que faire ? Comment développer un regard lucide face à la violence et à la non-violence ?

À noter que la violence peut être autant physique, émotionnelle, psychologique, verbale ou environnementale. Elle regroupe injustice, ignorance, pouvoir sur autrui et corruption de toutes sortes, autrement dit tout ce qui fait souffrir, brime ou fait du tort à la vie. Cette violence existe parce que quelque part, il y a un contrôle abusif, une désensibilisation ou une déresponsabilisation.

D'une certaine manière, nous avons laissé germer une violence sans nous en préoccuper, pour ensuite, face à son éclosion et à son épidémie, tenter de prendre tous les moyens possibles pour la combattre (malheureusement, à ce stade il est souvent trop tard). Il faut déceler l'origine de la violence à sa source et stopper son processus de développement. Autrement dit, localiser le malaise avant qu'il ne se généralise. Très souvent, ceux qui sont passés à des actes d'une violence extrême n'étaient pas nécessairement des gens méchants, mais des êtres en souffrance que personne n'a pu décoder.

Pour répondre à la violence, il faut une action, sinon la violence fera de nous une victime, et par une non-action, une autre forme de violence naîtra. Nous devons faire la distinction entre une attitude de violence et une action juste, ferme et nécessaire, qui, pour un œil extérieur, peut sembler violente. Il faut définir les balises de la violence et de la non-violence en trouvant le juste milieu d'un pacifique et intelligent chemin du cœur. Devant la réalité de la vie et de celle de nos tourments, il nous faut sans cesse lutter pour nous dresser contre cette violence qui s'impose autant dans notre esprit que dans le monde extérieur. Combattre et lutter ne sont pas toujours synonyme de violence. Parfois, à vouloir nous croire et nous dire non violents, il s'ensuit l'effet contraire. Malheureusement, l'indifférence, le snobisme, le rejet, la suffisance, les non-dits ou un regard dur et froid frappent avec autant de violence, sinon plus. Alors, où commence et où s'arrête la violence ?

Après mon cheminement spirituel et mes expériences professionnelles dans les arts martiaux et les sports de combat, à mon avis, l'explication la plus juste sur la non-violence est la voie du cœur et elle se résume en trois règles simples :

- La première est le respect de toutes formes de vie.
- La seconde est la bienveillance envers son prochain.
- La troisième est le service envers autrui.

Tant et aussi longtemps qu'il restera un tison d'enfer dans l'esprit de chacun de nous, il faudra être capable de se défendre autant intérieurement qu'extérieurement. Nous devons revenir aux valeurs profondes de la vie afin de devenir des guerriers du cœur, des samouraïs des Temps modernes, serviteurs de la vie dans l'art de danser avec la dualité.

Dans un autre contexte d'affirmation de soi, il ne faut jamais laisser une situation s'endormir dans un non-dit, dans la peur de réveiller des fantômes ou de trouver des squelettes dans le placard parce qu'une situation non résolue nous hantera jusqu'à la fin de nos jours et même plus. La philosophie de dénier, nier, se sauver, éviter n'est pas saine pour le corps et l'esprit, car cela engendre une certaine lâcheté sociale et cette façon d'appréhender la vie n'est pas digne de l'esprit d'un samouraï moderne. Voici une suggestion de questions à se poser lorsque l'on veut bien s'affirmer :

1) Est-ce bien utile ?
N'est-il pas préférable de laisser aller plutôt que de s'acharner à vouloir avoir raison à tout prix. Peut-être suis-je aveuglé par mes ambitions ? *Objectivité oblige.*

2) Est-ce responsable ?
Suis-je si accroché à mes droits que j'en oublie toutes responsabilités ? N'est-il pas plus intelligent de bien regarder toutes les situations et de prendre conscience des conséquences de celles-ci avant d'imposer ma volonté ? *Discernement oblige.*

3) Est-ce bienveillant ?
Mes actions et mes opinions viennent-elles du cœur ? Sont-elles guidées par la bienveillance ou plutôt par un désir ardent commandé par mon faux ego sans égard aux dommages causés ? *Réflexion oblige.*

4) Est-ce bien la vérité ?
Suis-je bien certain que c'est la vérité que je véhicule, que je ne fourvoie pas la vie ? Ce qui semble juste pour moi peut être injuste pour un autre. Peut-être ma pensée est-elle faussée ? L'écoute de l'autre et un regard lucide sur une situation deviennent très importants. *Méditation oblige.*

Les quatre questions bien mijotées en son esprit et dans le choix du moment propice, nous pouvons nous affirmer même si nous savons que dans son orgueil autrui sera froissé. Dans l'affirmation de soi, il faut par l'action et la parole justes apprendre à dire oui autant qu'à dire non avec sourire, fluidité, précision, bonté et vérité. S'affirmer, c'est aussi faire la distinction entre s'exprimer et déverser. Libérer son esprit pacifiquement, respectueusement et avec fluidité. De ce fait, peur, conditionnement et préjugés n'entravent plus notre chemin de vie.

En se référant au triangle de Stephen Karpman où sont définis trois rôles importants en psychologie humaine, *victime, persécuteur et sauveur*, en tant que samouraï moderne, l'aspect bourreau/persécuteur de notre personnalité ne devrait plus avoir d'emprise sur nous et devrait nous faire prendre conscience qu'être maître de soi ne veut pas dire être maître des autres, ainsi nous respectons le cheminement d'autrui. Notre côté sauveur comprend qu'il faut laisser aux autres le choix de vivre et d'intégrer leurs expériences au rythme de leur évolution. Du fait que nos aspects bourreau/persécuteur et sauveur sont sous surveillance, le mot victime fait de moins en moins partie de notre vocabulaire. Notre but est de ne plus être victime de nous-mêmes et de ne plus être la victime de qui ou quoi que ce soit.

En changeant la nature de nos perceptions, nous comprenons **la différence entre** :

- être meilleur pour s'améliorer et non être le meilleur pour se glorifier ;
- être digne sans être orgueilleux ;
- être fier (par exemple d'une réalisation) sans être suffisant ;
- être humble sans fausse modestie ;
- avoir un sens de l'honneur sans prétention ;
- s'affirmer lorsque c'est le temps et se retirer en d'autres temps.

Toutes ces subtilités font la différence entre l'intelligente affirmation de soi et le narcissisme nourri uniquement d'ambitions. S'affirmer est une chose, mais il y a aussi le fait qu'il faut se démarquer.

Se démarquer respectueusement

Se démarquer dérange, crée autour de soi jalousie et envie, renvoie à la peur son image de faiblesse, son statut d'inactif et son énergie d'immobilisme. Se démarquer, sans jamais oublier d'où nous venons, nous rend fidèle à nos racines, à nos amitiés, à notre passé, à qui nous devons respect et non-rejet pour ensuite projeter notre pensée, nos convictions vers un but ou un endroit où personne n'ose aller, réaliser quelque chose que personne n'ose croire possible. Agir différemment comporte beaucoup de risques, comme l'insécurité ou le jugement parce que nous nous détachons de la pensée populaire. Notre vision de la vie n'est plus conforme aux standards de la société, devenant un zéro pour certain ou un héros pour d'autres. Cela demande une grande foi en ses convictions et opinions parce que nous sommes souvent seuls à croire en nos idées ou projets jusqu'au jour de l'éclosion, de la reconnaissance ou de la réussite. Ce jour-là, la gratitude et l'humilité doivent primer. Se démarquer, c'est semer sa vérité, croire en un idéal, laisser sa marque sans briser, sans blesser, sans brimer. C'est assumer ses choix, prendre sa vie en main dans le respect et la dignité, mais cela demande vigilance, car un idéalisme trop poussé rend vulnérable face à des attentes trop souvent inaccessibles. Un professionnalisme exacerbé pousse à une exigence abusive envers soi et les autres. Ces deux traits de caractère exagérés nous emprisonnent dans le perfectionnisme.

Le perfectionnisme, le souci du détail, la vision d'un monde meilleur ou une réalité dite utopique sont nécessaires et poussent vers la réussite ou vers de plus grandes possibilités, empêchant ainsi le monde de sombrer dans la médiocrité, le fatalisme, l'immobilisme, l'aveuglement ou l'ignorance. Sauf que le perfectionnisme, fruit d'un idéalisme et d'un professionnalisme parfois exagérés, peut nous faire perdre de vue un des plus importants sens de la vie : le discernement. Celui-ci permet de garder le cap sur la réalité et face à une vision peut-être trop parfaite de l'existence ou à un souci du détail sans erreur, le discernement nous ramène à l'équilibre entre le possible et la logique. Il nous empêche de sombrer dans le désespoir d'un rêve non accompli, dans l'intolérance ou le jugement impitoyable face aux limites du possible.

La quête de la perfection amène à nous questionner sur l'esprit de compétition qui règne presque partout. Une façon de vivre dont je fus pratiquement toute ma vie un artisan. La compétition a été ma respiration quotidienne pendant plus de trente ans. De l'amateur jusqu'au professionnel, tout ce que je touchais devait automatiquement en venir un jour ou l'autre à un esprit compétitif. J'étais persuadé que rien d'autre au monde ne pouvait me faire évoluer, avec la certitude que c'était le seul moyen pour mieux me connaître.

Il ne faut pas être contre la compétition, elle existe dans la vie et surtout elle est inscrite dans nos gènes. L'être humain a et aura toujours le besoin de vouloir ou de pouvoir relever des défis lui permettant de se surpasser. Le sport et la compétition sont des éléments positifs dans des buts de dépassement de soi ainsi que de relation sociale. Ce n'est pas la compétition en elle-même qui est néfaste, bien au contraire, mais l'attitude extrême développée dans presque tout. Cette attitude de toujours vouloir gagner, d'être le plus fort, d'avoir plus, d'être mieux, dans le désir obsessionnel de victoires et cela en dépit des dommages ou des pertes encourues. Cette attitude extrême crée beaucoup de déséquilibres et est souvent la source de nombreux malaises sociaux.

Les sports, la saine et la juste compétition où se retrouve la pureté de l'action et la constructive performance sont des facettes importantes pour un bon équilibre, tout en faisant partie des plaisirs de l'existence. Face au stress et aux épreuves de la vie, le sport et la compétition aident à renforcer le caractère, à canaliser les émotions, à développer les qualités de courage, d'acceptation, de persévérance, d'endurance, de patience, d'éthique et de respect notamment. Toutes ces qualités sont importantes et aident à gérer intelligemment des situations ou des événements difficiles et corsés. Mais dans son immense désir de nourrir son ego et de vouloir être un dieu dans tout, l'homme a inventé corruption et stratégies de toutes sortes, écrasant l'essence même de la pureté présente dans l'aspect compétitif d'une saine situation.

Dans ce monde de compétition du plus fort et du plus performant, même le noble but olympien est teinté de politique et trahit par la corruption. L'esprit sportif et la loyauté des athlètes deviennent souvent secondaires pour cette grosse machine qui, en vérité, est le reflet de nos sociétés. Ces sociétés où un centième de seconde sur un chronomètre, un tableau d'affichage ou une mauvaise note écrite sur une feuille de papier font la différence entre le fort et le faible, le héros ou le raté, l'honneur, la richesse, le succès ou la médiocrité et même une vie ratée. Cette manière de penser très répandue sur le paraître et l'avoir tant à nous appauvrir socialement et spirituellement. Il s'en suit malheureusement des flots d'injustices. C'est dommage, mais c'est l'orgueil qui mène tuant ainsi la noblesse du mot fierté.

Ramenée à une échelle plus personnelle, la quête orgueilleuse de la perfection nous fige dans nos réussites. De peur de ne pas être à la hauteur, nous préférons abdiquer ou, à l'inverse, nous exagérons, devenant trop sérieux, obnubilés par la productivité, la soif de pouvoir et de reconnaissance, tuant ainsi l'âme d'un travail véritable ou d'une action authentique. Aussi, un perfectionnisme non enraciné nous fait dériver, nous aveugle avec des idéaux trop éloignés et irréalisables. Nous nous fourvoyons et de fait même, nous fourvoyons autrui.

Mais lorsque s'affirmer et se démarquer est guidé par l'humilité, le courage et le respect, la quête d'un idéal, d'un amour, de paix, de justice, d'un monde sain de corps et d'esprit prend tout son sens et nous incite à aller toujours plus haut, plus loin afin de nous améliorer, de nous faire grandir et évoluer. Cette quête d'idéal nourrit nos cœurs d'espoir, repousse les frontières du possible, réalise souvent des rêves inimaginables, garde la vie dans l'inspiration ouverte sur la possibilité de l'impossible.

Un souple professionnalisme étoffé de foi et de conviction peut nous pousser à évoluer, à aller bien au-delà de ce que nous voyons ou pouvons imaginer pour l'instant. C'est le mariage entre la pensée et l'action, les penseurs et les bâtisseurs et pour que cette quête d'idéal passe de l'utopie à la réalité :

Faisons chanter nos talents
Faisons danser nos aptitudes
Faisons rêver nos idéaux
Faisons rire nos maladresses
Composons une symphonie avec ce qui nous caractérise
Respirons la vie
Ne nous prenons pas trop au sérieux dans le sérieux de nos réalisations
Faisons éclore notre potentiel
Voyons l'impossible devenir possible

La Shihan Attitude
L'Art de la maîtrise : le Maître en Soi
= *1 (Un)*

Inspirer, expirer... Inspirer, expirer...
Ce mouvement de flux et de reflux est la clé de tous les rythmes de l'univers.
En tâchant de le rendre conscient en vous-même, vous entrez dans l'harmonie cosmique et vous sentez peu à peu votre respiration
se fondre dans la respiration de Dieu.
Omraam Mikhaël Aïvanhov

Shihan : maître de Budo ayant la parfaite maîtrise de la technique ainsi que la profonde compréhension de celle-ci. Ainsi, les titres de Kyoshi et de Hanshi rejoignent celui de *Shihan*. Voici donc ce que devrait être l'ordre hiérarchique des titres de maître dans le Budo : *Renshi*, *Kyoshi*, *Hanshi* et *Shihan*. C'est la raison pour laquelle le terme *Shihan* a été choisi pour cette dernière attitude.

Le Maître en soi nous encourage à développer une des grandes qualités issues de la philosophie du zen, soit celle de : *toujours garder l'esprit du débutant*.

Toujours garder l'esprit du débutant, c'est regarder avec émerveillement autour de soi, tel un enfant, et faire de chaque moment un instant important et précieux d'études, de recherches et d'ouverture, tout en sachant que les réponses à nos questionnements n'arrivent pas nécessairement au rythme de nos désirs.

Garder l'esprit du débutant, c'est aussi avoir du cœur au ventre, avoir soif d'apprendre, avoir soif de vivre. Le mariage de la souplesse avec la rigueur pour une fluide discipline. De plus, nous apprécions mieux la valeur des choses. Il ne s'agit pas de nous alléger du poids de la vie, mais plutôt de nous entraîner à développer un corps solide et un esprit fort.

En gardant l'esprit du débutant, nous nous réjouissons du bonheur des autres et construisons notre vie dans la considération du chemin d'autrui. Nous empêchons l'éclosion du règne de l'enfant-roi, l'artificiel ego du juste pour soi et sommes en constante vigilance face aux sournoises contre-attaques du faux ego.

Avec l'esprit du débutant, les notions de conscience, d'éthique et de valeurs reprennent leur place dans nos habitudes de vie. Cet état d'esprit est l'antidote à un individualisme devenant de plus en plus néfaste. Toujours garder l'esprit du débutant nous amène à respirer consciemment le moment présent, c'est-à-dire, devenir notre propre souffle. Ainsi, l'Art de la maîtrise dans la philosophie du Budo se traduit par ***Shisei***. La maîtrise de soi autant extérieur *Shi* qu'intérieur *Sei*. Afin de développer une maîtrise de soi, la *Shihan Attitude* préconise dix préceptes reliés à l'enseignement sur le souffle et la méditation :

1. la différence entre souffle et respiration
2. prendre conscience de sa respiration
3. les 3 phases respiratoires
4. la respiration complète
5. les 3 modes respiratoires et les mouvements extérieurs de la respiration
6. respirer consciemment
7. la respiration du cœur
8. respirer le moment présent
9. l'harmonique sacrée
10. être son propre souffle

1. La différence entre souffle et respiration

Selon les légendes amérindiennes, le dauphin est porteur du souffle sacré de la vie et selon la mythologie grecque, il est considéré comme un symbole de régénérescence, de conversion spirituelle et de renaissance. Telle la symbolique du dauphin, découvrons par les enseignements sur le souffle les profonds aspects de nous-mêmes en respirant tout simplement la vie.

Ainsi nous comprenons qu'entre souffle et respiration, il y a tout un univers. Bien avant d'être chair, bien avant de respirer, nous étions souffle. La vie est souffle, mais nous avons oublié de la respirer véritablement. Nous avons rejeté cette grande loi de l'existence : *nous respirons au-delà de l'air qui nous entoure* et l'ignorance de nous-mêmes nous empêche réellement d'évoluer pleinement. Ma profonde intuition me dit que ce que nous sommes à l'extérieur n'est qu'une pâle copie de ce que nous sommes à l'intérieur autant psychiquement que spirituellement et que la cause est que nous n'écoutons pas les justes messages de notre âme. Il est plus facile de faire la sourde oreille préférant nourrir les ardents désirs de notre faux ego, notre illusoire personnalité qui obscurcit la beauté de la vie.

En nous conscientisant aux notions du souffle, nous découvrons que nous sommes la résultante de notre respiration, une compréhension qui va bien plus loin que le mécanisme physique de l'air qui entre et qui sort de nos poumons. Respirer pleinement libère les énergies et les mémoires de la vie et nous amène à explorer les régions les plus cachées de nous-mêmes. Il est vital de conscientiser son souffle afin de trouver les vertus d'une respiration souple et naturelle.

Respirer, c'est vivre. Notre vie dépend de notre souffle. Notre santé, autant physique que psychique, résulte en grande partie de la qualité de notre respiration. À la naissance, on inspire et à la mort, on expire. L'intervalle entre les deux est une série de respirations. Il est de notre responsabilité de décider de la qualité de notre vie. On peut survivre plusieurs jours sans manger, plusieurs heures sans boire, mais respirer n'est qu'une question de minutes. Nous sommes venus au monde non pas pour survivre, mais pour vivre.

Respirer pleinement la vie, ce n'est pas respirer pour survivre, mais respirer pour vivre. Une très grande différence naît de cette compréhension. C'est triste mais la plupart des gens respirent superficiellement et n'importe comment, n'utilisant en général que le tiers de leur capacité respiratoire. Nous ne prenons pas le temps d'apprécier les bienfaits de l'oxygène qui nous nourrit oubliant de mastiquer cet air qui pénètre nos poumons. Subtilement nous rejetons un présent sans vraiment l'avoir vécu, dans la hâte d'en découvrir un autre en oubliant de respirer pleinement l'instant présent.

Respirer inadéquatement diminue notre résistance et abrège notre vie. Il y a assez d'impondérables, comme les pollutions de toutes sortes, les maladies, les accidents, le stress, les souffrances, etc., que nous devons mettre toutes les chances de notre côté pour améliorer notre qualité respiratoire nécessaire pour une lucide évolution, tant sur le plan physique, mental que spirituel. Ainsi, le souffle est un merveilleux outil de transformation, mais il faut être prudent et ne pas jouer aux apprentis sorciers. Notre corps est intelligent, il nous parle à chaque respiration. Il n'y a rien de mystique dans l'apprentissage d'une respiration consciente.

Vouloir modifier son souffle, sans sagesse ni connaissance, peut devenir dangereux, il faut être en contrôle sans contrôler, c'est l'art de la maîtrise. Contrôler relève du domaine du mental, c'est l'intense volonté de réussir face à une situation. Par contre, maîtriser provient des forces de la conscience, un lâcher-prise de sagesse. Par ces forces subtiles, le travail se fait sans danger laissant l'intelligence du corps prendre le temps d'évoluer à son juste rythme. Cette explication peut sembler anodine et même tirée par les cheveux, mais cette différence est primordiale pour l'apprentissage du souffle. Dans la pratique de la respiration, il ne faut rien forcer, ne jamais imposer sa volonté, simplement avancer respectueusement un pas à la fois, une respiration à la fois, sur le sage chemin du beau miracle de la vie, soit *respirer pleinement.*

2. Prendre conscience de sa respiration

Bien installés confortablement allongés sur le dos, nous prenons le temps de regarder, de suivre, et prenons conscience des mouvements de notre respiration sans intervenir aucunement, sans aucune volonté, ni intention de modifications quelconques. Nous devenons le témoin de notre respiration, spectateur de la vie qui circule en nous. Plus nous prenons le temps de suivre notre respiration, en percevant le mouvement d'aller-retour de l'air qui entre et sort des poumons, plus il s'ensuit une relaxation, un calme profond de l'esprit, nécessaire pour atténuer toutes les tensions ou crispations qui nuisent à une respiration ample et naturelle. De nos jours, se relaxer et se détendre sont presque devenus un luxe. Pourtant, ces états sont indispensables pour contrer les effets négatifs du monde pressé et stressé dans lequel nous vivons.

Maintenant, soit en position de méditation ou assis confortablement sur une chaise, les yeux fermés, nous portons notre attention à nos narines. Le nez est la porte d'entrée de l'air pour les poumons. Les voies nasales forment le premier élément de l'appareil respiratoire. C'est par le nez que la respiration doit s'effectuer. Les voies nasales sont les filtres pour une respiration saine et équilibrée.

Dans cette position de méditation ou assis confortablement et en portant attention à notre respiration, nous réalisons une détente du corps et de l'esprit, un lâcher-prise permettant de ralentir le rythme de notre souffle et de notre rythme cardiaque.

Exercices pour développer la souplesse des narines
À l'inspiration, nous remontons la lèvre inférieure sur la lèvre supérieure. Les narines s'élargissent horizontalement.

À l'expiration, faisons le mouvement inverse, descendons la lèvre supérieure par-dessus la lèvre inférieure. Les narines s'allongent verticalement.
Prenons le temps de bien pratiquer cette technique et laissons au temps le temps de faire les choses.

3. Les trois phases respiratoires

1. *La respiration abdominale, respiration basse dite diaphragmatique.* Toujours dans la même position, les mains sont placées à plat sur le bas ventre, le menton abaissé sur la poitrine. L'abdomen se gonfle à l'inspiration et le ventre se creuse (se contracte) à l'expiration.

   Lorsque nous inspirons, l'abdomen sort (se gonfle), tel un arc, pour faire place au diaphragme, tandis que ce dernier descend pour laisser la place à l'expansion des poumons. C'est un magnifique massage interne pour les organes. Cette respiration permet de nous centrer physiquement et émotionnellement.

Lors de l'inspiration, ne visualisons pas uniquement l'abdomen qui se gonfle, mais aussi sentons une chaude énergie qui pousse le bas du dos vers l'extérieur (déplaçons nos mains sur les reins). Autrement dit, à l'inspiration, nous percevons un ballon qui pousse vers l'avant ainsi que vers l'arrière.

Lorsque le mouvement respiratoire (inspiration/expiration) devient de plus en plus conscientisé, axons notre concentration sur une expiration volontaire, active et prolongée pour que l'inspiration vienne naturellement sans forcer. Nous évitons ainsi toute forme de crispation.

2. *La respiration moyenne dite thoracique.*
Toujours dans la même position, le menton abaissé, maintenons notre sangle abdominale ferme afin que l'abdomen s'immobilise. Débutons en posant nos mains de chaque côté des côtes (sans mettre de pression). Percevons le mouvement des côtes se gonfler à l'inspiration et se contracter à l'expiration, comme un accordéon.

Tout comme la respiration abdominale, il est important de bien visualiser un mouvement de volume faisant bouger le dos. Ne pas se limiter au mouvement latéral des côtes.

Si la phase abdominale est très importante pour se centrer, la phase thoracique devient synonyme d'ouverture et d'amplitude.

3. *La respiration haute dite claviculaire.*
   Toujours dans la même position, le menton abaissé, la sangle abdominale contractée, posons les mains, sans mettre de pression, sur les clavicules en les touchant du bout des doigts. Inspirons lentement en remontant les clavicules et simultanément relevons le menton. À l'expiration, abaissons les clavicules et le menton.

   Différemment des phases abdominale et thoracique où il existe un mouvement volumétrique, cette respiration, qui ressemble à un soufflet, se fait uniquement de bas en haut à l'inspiration et de haut en bas à l'expiration.

   Cette respiration claviculaire donne un sentiment de libération, presque d'extase, ainsi qu'un enrichissement de la partie supérieure des poumons.

4. La respiration complète

La respiration complète est l'art de jumeler les trois phases en une seule.

À l'inspiration, débutons par la phase abdominale afin d'emplir la partie inférieure des poumons en abaissant le diaphragme, ensuite c'est la partie médiane des poumons qui suit en écartant les côtes, et pour terminer, la partie supérieure des poumons en soulevant les clavicules. Lors de cette dernière phase, il est normal que l'abdomen rentre légèrement, créant ainsi la sensation du mouvement d'une vague. L'inspiration devient un mouvement continu et ondulatoire qui prend son appui sur la colonne vertébrale afin d'éviter toutes tensions au niveau du sternum.

C'est la raison pour laquelle un bon alignement du corps est indispensable pour une saine respiration.

Parce qu'il existe plusieurs écoles de pensée, l'expiration peut se pratiquer de différentes façons :

A. Dans un mouvement de lâcher-prise, débutons par le haut en terminant le ventre rentré, le diaphragme remonté. C'est-à-dire de haut en bas.

B. À l'inverse, en débutant par le bas, entrons l'abdomen, c'est-à-dire pousser le ventre en direction de la colonne vertébrale, faisant remonter ainsi le diaphragme très haut. Autrement dit, dans un mouvement dynamique nous vidons nos poumons du bas vers le haut.

C. Mariage de A et B. Le mouvement de lâcher-prise du « haut vers le bas » et l'action de pousser le ventre en direction de la colonne vertébrale se font simultanément. La sangle abdominale est alors en action constante autant dans la phase de l'inspiration que dans celle de l'expiration.

Afin que l'appareil respiratoire fonctionne à pleine capacité, il est important de développer souplesse et patience. Souplesse de l'esprit, mais aussi du diaphragme, de la cage thoracique, et cela demandent temps et patience. Pour ne pas sauter d'étape, il est bon d'éduquer son corps en cultivant l'art de bien respirer. Il est fondamental de bien vider ses poumons afin de mieux les remplir. Beaucoup de problèmes de santé physique et émotionnelle sont dus à l'incapacité d'expirer complètement, gardant dans les poumons trop d'air résiduel. Ne pas expirer pleinement (par exemple : manque d'activités physiques et sédentarisme) fait en sorte que le corps s'intoxique progressivement. Sur le plan intérieur, cela rend plus égoïste, individualiste, ayant oublié le sens du partage. Bref, l'esprit s'intoxique progressivement.

Si nous débutons par une inspiration volontaire, nous développons souvent des crispations et des tensions inutiles empêchant ainsi une bonne amplitude respiratoire.

Une expiration active et volontaire permettra à l'inspiration de se faire sans forcer, laissant à la cage thoracique le temps de se développer dans sa plus grande amplitude, les poumons se remplissant d'eux-mêmes en totalité.

5. Les trois modes respiratoires et les mouvements extérieurs de la respiration

Les trois modes respiratoires

1. La respiration équilibrée/naturelle : l'inspiration et l'expiration sont sensiblement de la même durée, s'équilibrant naturellement au rythme de la vie « yin/yang ».
2. La respiration nettoyante/purifiante : l'emphase est sur l'expiration. La durée plus longue de l'expiration libère les toxines, le stress et les tensions.
3. La respiration énergisante : l'emphase est sur l'inspiration. La durée plus longue de l'inspiration redonne de l'énergie, oxygène et recharge les batteries.

Les mouvements extérieurs de la respiration

À l'inspiration, visualisons l'air qui entre par le nez et qui descend par l'arrière-gorge en direction de l'abdomen « vers le bas ». Au même moment, le diaphragme descend, lui aussi, vers l'abdomen laissant la place à l'expansion des poumons. Ce mouvement est possible par le ventre qui pousse vers l'extérieur afin de faire place au diaphragme (l'air et le diaphragme « mouvement vers le bas »). Cependant, au moment où les poumons commencent à s'emplir par le bas, un mouvement ascendant de l'air s'effectue, « mouvement vers le haut » (voir les trois phases respiratoires).

À l'expiration, visualisons l'air qui remonte et qui sort par le nez ou par la bouche « vers le haut », de même que le diaphragme qui se relâche et remonte, « mouvement vers le haut ». Simultanément, nous ressentons le sternum s'affaisser, les côtes se contracter vers l'intérieur et le ventre qui se creuse poussant en direction de la colonne vertébrale, entraînant un relâchement du haut vers le bas, « mouvement vers le bas ».

Ainsi, à l'inspiration et à l'expiration, nous ressentons des mouvements simultanés en des directions opposées.

Visualiser ces principes de la respiration nous sort de la vision linéaire des choses ouvrant notre âme à la sensibilité de notre corps et au senti de l'énergie interne vibrant en nous.

6. Respirer consciemment

L'éveil de notre *Ki* est dépendant des vertus sacrées du souffle et c'est pourquoi la conscientisation de notre respiration devient une magnifique école de vie. Comme il a été expliqué précédemment, si nous sommes incapables d'expirer à fond, nous ne pourrons inspirer totalement non plus. Un cycle d'intoxication et d'appauvrissement physique et mental nous emprisonnera et nous empêchera de respirer pleinement. Plus l'inspiration est libre, naturelle et fluide, plus notre goût de vivre, d'embrasser la vie dans le présent est vivant. Nous sommes plus ouverts, plus conscients. Plus l'expiration est souple, profonde et totale, plus nous sommes aptes à croire en la vie, à lâcher prise face aux dualités. Nous devenons beaucoup plus légers et il s'ensuit une libération du corps et de l'esprit. Plus l'inspiration et l'expiration sont en profonde osmose, mieux nous respirons la vie, mieux nous respirons notre vie et nous nous harmonisons avec elle. Une meilleure santé nous anime.

Les conditionnements de toutes sortes ainsi que l'ignorance face à notre souffle nous ont donné de mauvaises habitudes respiratoires. Une inspiration et une expiration complètes sont possibles lorsque nous avons pris la décision de nous abandonner à la connaissance de soi et à la découverte de l'inconnu.

Respirer totalement et consciemment nous fait évoluer physiologiquement et grandir psychologiquement. Sur le plan physiologique, nous augmentons notre absorption d'oxygène, et de ce fait même, nous accroissons l'efficacité de notre système respiratoire. Nous revitalisons notre corps en oxygénant nos cellules et nos tissus tout en nous débarrassant de nos toxines. Sur le plan psychologique, respirer pleinement nous relaxe en nous donnant la chance de prendre conscience de ce qui se passe à l'intérieur comme à l'extérieur. Ce discernement nous plonge dans des endroits de nous-mêmes dont nous n'avions aucunement conscience. Le processus de transformation est alors enclenché.

En expirant complètement, nous ne nous vidons pas seulement de nos résidus d'air, mais également de nos tensions, de nos émotions négatives et de nos conditionnements démodés. En inspirant entièrement, nous ne nous renouvelons pas seulement en oxygène, mais également d'une vision nouvelle, globale et non linéaire.

À l'inspiration : à grands poumons, *nous disons oui à la vie et nous prenons plaisir à la respirer. Nous sourions, nous sommes heureux, nous vivons. Nous acceptons en toute humilité les leçons de nos expériences et nous accueillons en toute simplicité les beautés et les chances qui nous sont données.*

Les poumons pleins : dans cet érudit silence de quelques secondes seulement, sans forcer ni rien bloquer (souffle en suspension), *nous nourrissons notre corps et notre esprit de ce souffle d'amour, de ce souffle de vie qui nous anime et nous illumine.*

À l'expiration : dans un lâcher-prise sacré, *nous nous abandonnons à la reconnaissance de pouvoir accomplir notre vie sans tambour ni trompette. Mais si les circonstances l'exigent, la force de notre expiration créera dans la bienveillance et la vérité l'espace propice à notre réalisation, dans la joie de donner et de servir, transformant en créativité les obstacles rencontrés sur notre chemin de vie.*

Les poumons vides : dans cet espace de connaissance, par cette pause naturelle aussi de quelques secondes seulement, sans aucune tension, *nous laissons nos pensées créatrices germer. Par cette sagesse du vide, nous prenons le temps de regarder la vie, nous avons la foi, nous sommes libres, nous sommes prêts à nous emplir d'amour, à nous emplir de la vie.*

7. La respiration du cœur

Voici trois tactiques importantes pour ouvrir notre cœur et faire naître le Maître en soi :

Tactique 1 : l'ouverture

C'est visualiser, dans le passé ou dans le présent, un geste ou un événement qui nous a touchés directement au cœur, ou une personne qui nous a manifesté un amour sincère, ou bien entrons en communion avec ce qui nous est le plus sacré. Imprégnons-nous de ce moment qui nous a emplis d'amour. Laissons-nous bercer par cette tendresse, par cette grâce de la vie.

- À l'inspiration, emplissons nos poumons de cet amour, de cette grâce. Un sourire se dessinera naturellement sur notre visage.
- À l'expiration, de toute notre ouverture, partageons cette grâce. Sur notre visage, la détente imprégnera nos traits, notre cœur s'oxygénera d'amour et la vie recevra un peu de nous.

Partageons cette grâce, ce bonheur avec des personnes qui nous sont chères, et vers ceux qui ont besoin d'amour et d'attention. Nous sentirons notre cœur s'ouvrir et une ouverture de conscience insoupçonnée se produira.

Tactique 2 : l'humilité

Par l'humilité, il faut s'harmoniser, s'unir avec son prochain, descendre de son piédestal et considérer autrui comme son égal, *aime ton prochain comme toi-même*.

Le bonheur est notre but à tous et le plaisir fait partie de l'équilibre. Tous nous désirons le bonheur et personne ne veut souffrir. Considérer que notre prochain recherche exactement la même chose que nous ouvre les portes de l'entraide et nous libère de la peur. Imaginons un instant si les puissants de ce monde, les sociétés et les nations décidaient de se respecter et de se considérer les uns les autres ? Quelle belle vie régnerait sur terre ! Souhaiter le bien-être de son prochain relève d'une sagesse intelligente, libératrice et salvatrice. Et comme tout débute à petite échelle, commençons par nous en portant notre pensée vers une personne avec qui nous avons été ou sommes en conflit, ou avec qui nous avons des difficultés à communiquer.

- À l'inspiration, visualisons que nous sommes à côté de cette personne en voyant qu'elle est semblable à nous avec les mêmes aspirations, les mêmes peurs, les mêmes droits au bonheur. Au lieu de voir un étranger, percevons un autre nous.
- À l'expiration, laissons aller avec notre souffle une pensée de bienveillance, de respect et de compréhension. Par cette pratique et avec le temps, nous sentirons les sentiments de rancœur, d'amertume ou de ressentiment s'évaporer, libérant notre conscience, allégeant notre cœur.

Tactique 3 : l'intention pure

Par la tactique de l'intention, cela veut dire diriger, exprimer notre amour, notre compassion par une intention provenant du cœur en projetant celle-ci vers l'extérieur :

- par la prière ou un mantra
- par une pensée ou une intention positive, constructive d'amour

Dirigeons et partageons sans limites cette compassion, cet amour. Et à chaque inspiration, un sourire, une joie profonde guérira nos blessures. Expirons au maximum et laissons l'inspiration venir d'elle-même en faisant fleurir notre âme de compassion et d'amour comprenant que l'amour est ce qui est de plus pur et de plus vrai en ce monde.

Voilà pourquoi nous devons prendre le temps de respirer, de déguster la vie, de mettre nos sens en éveil, de faire les choses avec conscience, attention et amour. N'oublions pas que nous recevons de l'amour dans la mesure où nous le partageons. Plus nous ouvrons notre cœur, plus nous partageons nos joies et notre bonheur, plus nous dirigeons notre compassion vers les autres, plus grand notre cœur sera empli et plus nous recevrons de l'amour. Dans le cas contraire, notre vie ne sera qu'égoïsme, indifférence et manque d'amour. Si nous attendons après l'amour des autres, nous respirons à l'envers. Aimons, donnons et nous respirerons la vie, nous serons toujours gagnants.

8. Respirer le moment présent

Le moment présent est la seule réalité existante, car, comme le disait Albert Einstein : *le temps n'est qu'illusion.* Pour ma part, je crois que la notion de temps n'est qu'un concept intellectuel.

Respirer l'instant présent est tout un art, c'est respirer au présent les infinies possibilités de la vie en lâchant prise face à notre passé, à nos peurs, à nos préjugés, à nos conditionnements, à nos restrictions qui bloquent le chemin de notre réalisation. Le lâcher-prise c'est sympathiser avec nous-mêmes en acceptant nos forces et nos faiblesses, en nous ouvrant généreusement à une vie en société sans nous voiler face aux difficultés, dans le charme de nos expériences. Nous respirons de la totalité de notre être en comprenant que la seule erreur est celle d'avoir peur de faire des erreurs. Lâcher prise est un état de grâce, une prise de conscience profonde qui nous aide à comprendre humblement que nous ne sommes pas Dieu et que nous ne pouvons changer le monde. Mais en revanche, c'est voir dignement tout le potentiel qui nous habite afin de contribuer à ce monde.

Voici un texte qui porte à réflexion :

Lorsque nous mangeons, mangeons.

Lorsque nous parlons, parlons.

Lorsque nous pensons, pensons.

Lorsque nous méditons, méditons.

Lorsque nous faisons, faisons vraiment.

Lorsque le temps est venu, nous devons mourir.

Aussi longtemps que nous vivons, nous devons vivre.

Vivre réellement, pleinement, en respirant de son plein potentiel.

Lorsque nous créons, créons dans la foi et la conviction, car dans la création tout existe déjà.

Ne pensons pas que nous méditons si l'attention dans le moment présent est oubliée.

Nous ne pouvons pas faire entièrement les choses si nous ne sommes pas concentrés souplement sur chaque chose et instant.

Nous ne pouvons pas créer sainement si le sacré des choses qui est perceptible dans le présent de chaque instant est oublié à cause de la course effrénée de l'ego.

Ne nous perdons pas dans la division de nos actions, soyons communion dans chacune de celles-ci.

Ne nous étouffons pas dans le désir de vouloir tout faire en même temps, soyons efficace dans la sagesse de prendre le temps de faire les choses dans le sacré de leurs nature et fonction.

Prenons conscience que nous respirons à travers chaque pensée, chaque parole, chaque action pour chacune de nos créations.

Prenons conscience que nous respirons à la vie et qu'elle respire à travers nous, sinon notre conscience sera sans cesse ballottée entre le passé et le futur pour un présent perdu.

Prenons conscience de la magie du moment présent. Rien d'autre ne doit être, rien d'autre ne peut être, rien d'autre n'existe vraiment que la sage respiration du présent, fruit de l'amour inconditionnel.

9. L'harmonique sacrée

Pour activer nos chakras et donc éveiller les trois étages de notre cerveau par notre énergie vitale (*Ki*), il existe différentes techniques. Il est vrai que certaines demandent beaucoup de pratiques et d'encadrement. Mais, il en existe d'autres qui sont accessibles et très efficaces. Voici ma préférée : *le chant de l'âme*.

Chanter est naturel. Tout petit nous émettions des sons, gazouillions à la vie avant de parler, avant d'avoir un langage structuré. Notre voix est l'instrument pour sortir de nous-mêmes. À l'exception de ceux dont la musique et le chant sont une passion ou un métier, en général, nous sommes un peu gênés, voir timides et n'osons pas ou peu projeter cette voix porteuse des vibrations de notre être.

Par un exercice simple, faisons chanter notre âme avec le chant des voyelles et des sons sacrés. Le but de cet exercice est de faire vibrer nos glandes et stimuler nos centres d'énergie pour ainsi libérer notre *Ki*, ce merveilleux pouvoir d'autoguérison et de purification qui circule en nous. Il est important de préciser que chaque son a une fréquence spécifique.

Plaçons-nous en position de méditation assise et comme *mudra* (position des mains symbolique) utilisons celui de l'unification. En Inde, il est appelé *le geste de l'initié* « Jnana mudra ». Les mains sont en appui sur les genoux et les paumes sont orientées vers le ciel, le pouce va rejoindre l'index qui est replié. La symbolique de ce mudra est que le pouce représente le Soi et l'index le Moi. Ainsi par ce geste, nous symbolisons l'union sacrée entre le corps et l'esprit.

Le son ***ou***

Sa vibration est dans le premier chakra (Muladhara chakra) et est liée au premier étage du cerveau. Le son **ou** est le son qui nous enracine à la terre, nous incarne dans la réalité. En le chantant dans un registre grave, laissons-nous vibrer au *Ki* de la terre.

La voyelle ***é***

Cette voyelle vibre dans le deuxième chakra (Svadisthana chakra) et relie le premier étage au deuxième étage du cerveau. En chantant le son **é**, dans un registre un peu moins grave que le son **ou**, nous assurons une continuité dans l'ascension de notre énergie vitale. Sa vibration touche les organes génitaux, les reins et la vessie.

Jumeler le son ***ou*** *et la voyelle* ***é***

En jumelant ces deux sons (**ou** – **é** – **ou**), nous stimulons et équilibrons l'énergie des glandes surrénales et sexuelles. L'harmonie entre ces deux sons nous régénère. Les sons (**ou** – **é** – **ou**) sont en quelque sorte le premier stade de transformation de notre énergie vitale.

Le son ***aï***

Au Japon le mot **aï** se traduit par harmonie.

Par la pratique du son **aï**, nous positivons et harmonisons nos émotions, luttant ainsi contre l'empoisonnement du mental qui par des pensées négatives et émotions refoulées produit des toxines fertilisant ainsi un terrain favorable à la maladie. En chantant le son **aï**, nous sentons une douceur s'installer, le plexus solaire se dégage, le diaphragme s'assouplit construisant un pont entre le *hara* et le cœur.

La voyelle ***i***

La voyelle **i** résonne dans le chakra du cœur (Anahata chakra). Ce son transcende notre ego et ouvre notre cœur. Sa résonance est ressentie dans toute la zone cardio-pulmonaire.

Il est bon de savoir que la voyelle **i** chantée dans l'aiguë propulse notre *Ki* directement vers le chakra du crâne.

Jumeler le son ***aï*** *et la voyelle* ***i***

De l'harmonie crée par le son **aï** jusqu'à la puissance énergétique de la voyelle **i**, nous créons en nous une pure ouverture sur la vie. Comparativement aux sons **ou**, **é**, le registre des sons **aï**, **i** est plus élevé. Mais c'est à chacun de trouver sa propre intonation, l'important est de prolonger le chant de chaque son le plus longtemps possible.

Ainsi en débutant par la douceur du son **aï**, nous finissons le chant en souriant sur la voyelle **i**, comme par exemple le rire d'un clown. Très souvent un rire et même parfois des pleurs de joie finiront notre chant. Synonymes d'harmonie, de bienveillance et de joie, les sons **aï**, **i** sont le deuxième stade de transformation de notre énergie vitale.

La voyelle ***a***

Celle-ci vibre dans le chakra de la gorge (Vishuddha chakra). Voilà pourquoi la voyelle **a** vibre au niveau de la gorge et régularise la glande thyroïde. Cette voyelle stimule la voix et favorise les états de paix, de calme et de sérénité. Le chakra de la gorge représente l'expression orale, mais aussi de la pensée et de l'action. Plus nous stimulons cette région, plus nous créons une énergie propice à la communication, à la vivacité de l'esprit, et à l'expression sous toutes ses formes. La voyelle **a** sert de tremplin entre le deuxième et le troisième étage de notre cerveau. Elle nous aide à sortir de nous-mêmes pour que notre âme puisse s'affirmer au travers de notre personnalité.

*La voyelle **o***

La voyelle **o** vibre dans le chakra du 3e œil (Ajna chakra). En chantant la voyelle **o**, notre énergie est concentrée vers le milieu du front (3e œil) et en même temps elle irradie jusqu'au sommet du crâne. Ainsi, du fait que le « Ajna chakra » soit en osmose avec le chakra du crâne (Sahasrara chakra), notre pôle céleste, nous pouvons jumeler la voyelle **o** à la voyelle **i**. Cette résonance dirigée vers le 3e œil et vers le sommet du crâne stimule ainsi toutes les fonctions du troisième étage de notre cerveau.

*Jumeler les voyelles **a, o, i***

Chanter la voyelle **a** en plaçant en avant un **h** aspiré, mariée aux voyelles **o**, **i**, dans un registre élevé, nous libère des chaînes de nos peurs, de nos culpabilités. En chantant les voyelles **a**, **o**, **i** dans une profonde et complète expiration est un pur élixir de délivrance.

*Jumeler la voyelle **o** avec le son **om** (oum)*

Les lèvres en avant pour former le son **o**, tout en fermant la bouche pour bien prononcer un **m** continu, créent une vibration nasale, et nous chantons naturellement le son **om**. Dans les écrits yogiques, le son **om** est le son originel, le son contenant tous les sons. Chanter le **om**, c'est ouvrir notre conscience à des plans plus élevés. Nous allons au-delà du mental, au-delà de la pensée. Le son **om** nous permet de visiter des sphères insoupçonnées de nous-mêmes.

*Jumeler les voyelles **a, o** avec le son **om***

Le son **a**, **o**, **om** est notre chant spirituel. Nous unissons notre conscience à la conscience divine. Notre *Ki* replonge dans le *Ki* universel. Nous chantons dans la lumière blanche de notre âme. De plus, en visualisant bien la progression **a**, **o**, **om**, subtilement un autre son émerge. Le son **aum**. Le **a**, comme expression, le **u** prononcé **ou**, comme enracinement et le **m** qui devient **om** deviennent par ce son, une pure communion. C'est le troisième stade de transformation de notre énergie vitale.

L'harmonique sacrée

ou, é, aï, i / a, o, om (aum)

Cette harmonique sacrée est le chant de notre âme. Grâce à elle, les trois étages de notre cerveau sont réunis par l'ouverture et l'unification de nos chakras. *Notre souffle retrouvé.*

10. Être son propre souffle

Il y a mille et une façons de méditer, que cela soit par l'observation, la réflexion, la visualisation, l'intention ou la contemplation, en utilisant un objet, en récitant une prière ou un mantra, etc. Toutes ces façons sont excellentes. Mais le but ultime de la méditation est de trouver la posture et l'attention justes afin de devenir notre propre souffle, *la méditation originelle « Dhyâna ».*

La première étape consiste à trouver la posture juste : installé en position seiza ou zaho*, la colonne vertébrale droite, les genoux poussent vers le sol et la tête vers le ciel. Le bassin basculé vers l'avant, nous rentrons le menton, le nez est à la verticale du nombril. En appui sur le

* Seiza : position agenouillée et assise sur les talons, utilisée principalement dans les arts martiaux.
Zaho : position assise qui revêt plusieurs formes, comme par exemple les positions du lotus et du demi lotus utilisées en yoga ou dans la pratique zen.

hara[**], la main droite est posée sur la main gauche, les pouces se touchent (mudra[***] du souffle retrouvé). Par asymétrie cérébrale, la main droite est reliée au cerveau gauche (yang) et la main gauche est reliée au cerveau droit (yin). Par ce geste symbolique, le cerveau droit par la main gauche guide, en quelque sorte, le cerveau gauche par la main droite. L'harmonie est créée par l'unification des deux hémisphères. Les yeux mi-ouverts, la bouche fermée, la langue en cuillère contre le palais, le regard est posé sans attention particulière à environ un mètre devant soi. C'est le regard qui est abaissé et non la tête, le *hara*, les épaules et le visage sont relâchés. Nous sommes maintenant immobiles comme une montagne. Il est important de visualiser notre posture dans son ensemble.

La seconde étape consiste à pratiquer l'attention juste : seulement après avoir bien visualisé notre posture, fixons notre esprit sur notre respiration. Laissons celle-ci s'apaiser pour devenir presque imperceptible. Grâce à une posture juste, notre respiration s'harmonisera d'elle-même. L'attention portée sur notre respiration procure calme, détente et aussi vigilance. C'est le juste milieu entre trop de relâchement et trop de tension. L'équilibre entre les deux extrêmes. Par cette pratique de l'attention, le corps et l'esprit sont centrés toujours en équilibre. L'esprit est tourné vers l'intérieur, vers sa vraie nature. Le but est de respirer l'instant présent, le ici et maintenant. Rien d'autre n'existe que ce présent, il n'y a rien d'autre à faire que de respirer et vivre cet instant présent et pour y arriver, nous devons lâcher prise parce que le bavardage mental va débuter. C'est la prison de l'esprit, son état dualiste. Cela ne veut pas dire ne plus penser, bien au contraire. Il ne faut rien retenir, ni juger, ni fixer, ni repousser aucune de nos pensées, de nos idées ou de nos émo-

---

** Hara : ventre. Centre. Le hara désigne la région du bas-ventre située au-dessous du nombril.
*** Mudra : arrangements rituels des doigts et des mains.

tions, etc. En gardant notre attention sur notre respiration, simplement les accueillir, et comme des bulles de savon, les laisser passer et tout naturellement elles disparaîtront. C'est la réalité de la vie qui se déroule devant nous. Laissons nos pensées se dissoudre progressivement pour faire place à la plénitude. Tout doucement, notre esprit se libère de ses pensées inconscientes, de sa prison de dualité. Tout en rectifiant et corrigeant régulièrement posture et attention, abandonnons-nous à la troisième étape.

La troisième et dernière étape est la grande paix du cœur. L'esprit est dans sa demeure « Samadhi ». À chaque instant, nous nous harmonisons avec les changements de la vie.

Tranquillement assis, immobiles, et par ce silence sacré, ne nous attachons à rien, laissons nos pensées et nos émotions surgir, s'exprimer et disparaître, respirons alors le rythme de la vie : l'impermanence des choses et l'interrelation de l'existence. Par la sagesse du vide, par la pure luminosité de la vacuité « Shunyata » et dans le parfum spirituel de notre âme abandonnons-nous, laissons-nous bercer par notre souffle et laissons notre esprit se détendre et se baigner dans sa source originelle, la pure conscience, la pure sagesse « Prajna ». Là où tout se dissout dans la source de la vraie nature de l'esprit « Mushin ». Nous devenons notre propre souffle, nous respirons par notre 3e œil « Ajna Chakra », l'harmonie entre nos deux hémisphères cérébraux est créée, nous respirons l'essence de la vie, nous sommes Un avec elle, *Satori*.

Épilogue

La grande danse de la Vie

Kensho

La grande danse de la Vie
Kensho

Puisque j'ai rejeté l'épée, il n'est plus rien d'autre que la coupe de l'amour que je puisse offrir à ceux qui se dressent contre moi.
Mahatma Gandhi

Kensho, mot japonais signifiant l'éveil du soi. Ce mot se définit par *regarder sa propre nature*. L'ultime porte amenant à la connaissance de soi. Le mariage sacré entre ce qui est juste (sagesse) et ce qui est pur (amour). Dans le bouddhisme zen, **Kensho** correspond à la quatrième étape qui amène à l'éveil (Satori).

La grande danse de la vie nous démontre clairement que nous sommes des êtres dotés d'une conscience multidimensionnelle et pour respirer de notre plein potentiel il nous faut éveiller et conscientiser toutes les formes d'intelligence qui nous animent. Elle nous confirme aussi que ce que nous voyons et croyons de nous n'est que la pointe d'un iceberg en comparaison avec qui nous devrions être. Par cette grande danse, nous comprenons ainsi que nous sommes très jeunes dans notre épopée vers la connaissance de soi.

Cette grande danse de la vie nous apprend aussi que nous sommes des organismes individuels reliés collectivement, c'est la beauté de la vie. Toute vie dans l'univers est un souffle subtil d'évolution karmique faisant partie d'un même grand souffle, c'est un des mystères de l'existence (la roue du temps). Dans l'univers, rien n'est constant ni permanent (Loi de l'impermanence) et chaque identité de vie est un amalgame d'influences diverses. Ainsi, toute particule de vie est une composition de différentes combinaisons provenant d'autres particules. Autrement dit, chaque chose dépend d'une autre chose, rien n'existe séparément, tout est lié (Loi de l'interdépendance). En raison d'influences diverses que les choses reçoivent (Loi de la causalité), celles-ci apparaissent et naissent, ensuite existent (vie et existence) et disparaissent (mort et dissolution), puis apparaissent de nouveau (Loi du karma). Le karma, c'est l'esprit qui garde l'empreinte de nos actions et qui nous oblige à prendre corps, vie après vie, autant individuellement que collectivement et comme le Bouddha l'a mentionné : *il en faut des vies pour composer une âme*. Ainsi donc, l'univers n'est qu'une succession de changement, de transformation, d'énergie qui devient matière et cette matière devient ou redevient énergie (compost cosmique). Et qu'aucune forme de vie n'existe par elle-même, car il est dit que toute forme de vie dépend d'une multitude d'autres facteurs, et comme le bouddhisme l'enseigne, *la forme est le vide et le vide est la forme* (Loi de la vacuité). L'ultime nature de tous les phénomènes, c'est-à-dire toute forme qui se développe dans ce vide absent d'existence indépendante.

Dans la grande danse de la vie, il ne peut y avoir de coïncidence, car tout dans l'univers est inter relié. Chacun de nous est relié à toute chose et toute chose est reliée à toute forme. La moindre de nos pensées, paroles ou actions a et aura de réelles répercussions dans l'univers. Tout est lié, confirmant ainsi que nous sommes responsables de chacune de nos actions, chacune de nos paroles, chacune de nos pensées et que la réalité de chaque chose est en réalité notre propre vérité, soit une unique réalité. Nous sommes maîtres de notre destin et responsables de notre vie, dessinant nos chemins d'existence pour un plan de sagesse que subtilement nous concevons excluant du même coup toute forme de hasard.

Cette grande danse nous enseigne qu'en réalité seul l'instant présent existe. Croire en la permanence de l'existence n'est qu'une illusion.

S'accrocher à cette illusion fait souffrir. Nous avons peur du changement, de la mort, mais pourtant c'est la vie. Elle nous enseigne aussi que la réalité existe dans tout ce que l'on appelle l'esprit. Voir la vie de l'intérieur, porter son attention en son cœur élimine les traces de la dualité en nous ouvrant sur les univers insoupçonnés de l'amour. Comme le Bouddha l'a enseigné, seule la nature de l'esprit est immuable, immortelle, infinie et tout comme les enseignements du Christ, Dieu est amour, Dieu est esprit, l'esprit est éternel, l'esprit est vérité. Voir la vie avec ce regard conscient, ce regard lucide nourri par la sagesse du cœur fait en sorte que notre instant présent se baigne dans la source inépuisable de l'amour inconditionnel, fruit de l'esprit originel. Par l'amour, nous reconnaissons la nature lumineuse de chaque être humain et à travers le tangible de la vie, nous distinguons la fluide danse des éléments. C'est ce que l'on appelle la vision globale. Même si notre confort est menacé par le changement, voyant que la vie est issue de l'esprit, un sens, une valeur à l'existence nous est donnée. Une foi-conviction profonde s'installe en notre cœur construisant notre route vers le bonheur… vers la libération de notre souffle.

Respirer d'un souffle nouveau, de notre souffle libéré, c'est lâcher prise face au contrôle. Parce qu'entre le maître et le conquérant, la ligne est mince, nous pouvons être maîtres de nous, mais pas des autres, maîtriser notre vie et non pas la vie.

Cette grande danse de la vie nous dit aussi ceci : nous, les êtres humains voulons tout contrôler (la terre, l'univers, etc.), mais nous n'avons malheureusement aucune maîtrise de nous-mêmes. Nous respirons à l'envers de la sagesse dans l'illusoire croyance que nous pouvons tout contrôler. Si chacun de nous voulait bien s'entraîner dans la maîtrise de lui-même au lieu de vouloir contrôler les autres, la paix régnerait sur terre. Le faux ego n'aurait plus sa place et nous vivrions en harmonie avec les lois de la nature et de l'univers.

La vérité fait peur, l'amour fait fuir. Libérer notre souffle nous plonge directement dans la vérité et dans l'amour. Par notre souffle libéré, le sens de l'humour se dessine à notre personnalité. À grands poumons nous disons oui à la vie. Le petit robot mécanique de notre sérieuse façon d'exister se désintègre.

Ainsi donc, la grande danse de la vie nous invite à gravir la montagne de notre ego. Cet ego qui nous aveugle, nous faisant croire que nous sommes isolés de tout.

Cette grande danse nous invite à franchir ce mur d'ignorance qui nous coupe de qui nous sommes réellement... pour danser avec elle, libérant notre âme. Lorsque l'on entre dans cette danse, graduellement notre esprit ordinaire se nettoie et se purifie, l'illusion se dissout peu à peu, laissant apparaître de plus en plus la véritable nature de l'esprit, la lumière blanche immaculée de l'inconditionnel amour, la grande compassion, remède de toutes les souffrances.

En renaissant à la vraie nature de l'esprit, notre souffle de vie karmique retourne dans l'infini océan du souffle céleste. Nous respirons de la grâce de l'amour. Cette grâce qui crée la beauté de la vie, car la beauté de l'amour habille la grâce de la vie. Renaître à sa vraie nature, c'est respirer son plein potentiel d'être humain. La nature instinctive se réveille et la nature intuitive s'éveille, en se mariant toutes deux à la sagesse du cœur. De là nous devenons des êtres humains entiers, intégrés, conscients de la réalité des mondes visibles et invisibles. L'esprit à travers notre vécu a retrouvé sa forme originelle. Notre existence vibre alors du bon ego, le rayon du Soi, la cause à effet de notre évolution. Le miroir de notre âme. Un filtre responsable de notre karma. Plus le filtre est bouché par un ego non éveillé, plus notre souffle est bloqué, moins notre personnalité reflète la beauté de notre âme. Ce souffle bloqué construit un mur qui assourdit les vibrations intuitives provenant de l'esprit qui nous guide en nous coupant de l'instinct qui nous anime, n'entendant alors que l'écho de nos illusions.

Le bon ego lorsqu'il respire intelligence, bonté, rêve, joie et sagesse du cœur, se purifie au rythme d'une évolution vers l'éveil. Comprenant que nous sommes seulement un véhicule temporaire responsable et mandaté pour assurer la continuité évolutive de notre « âme ou esprit ».

« L'âme ou l'esprit » évolue à travers le vécu des véhicules temporaires précédents qui sont en réalité notre mémoire karmique. Alors un jour, dans l'impermanence de notre histoire personnelle, notre corps redeviendra poussière, « l'âme ou l'esprit » continuera son évolution afin de retourner un jour à sa source originelle. Le plus merveilleux dans cette grande danse de la vie est que ce retour à la source soit possible de notre vivant en vivant l'expérience de la Sainte Trinité : *la Connaissance, l'Expérience et l'Être*. Respirer la connaissance divine par notre expérience humaine en retrouvant la vraie nature de notre esprit. Renaître de notre vivant dans l'éveil et la réalisation de soi.

Par conséquent, nous comprenons que le bonheur est un état d'esprit et non un concours de circonstances provenant de l'extérieur. Le bonheur est en nous dans l'instant présent c'est l'art de respirer le plein potentiel de sa vie. C'est une expérience profonde et définitive, le grand saut dans les sphères de l'amour inconditionnel et de la sagesse universelle pour la maîtrise de notre vie. Nous faisons *I shin den shin** avec la vie, une transmission du cœur au cœur, d'âme à âme, un regard d'amour destiné à faire jaillir le merveilleux qui vit au cœur de l'existence. *I shin den shin*, c'est cet élan du cœur, cette accolade de l'âme afin d'aider son prochain

* I Shin den shin : ces mots se traduisent par : d'un esprit à un autre esprit, d'une âme à une autre âme pour la transmission de la connaissance, de l'enseignement, de l'expérience...

à cheminer dans sa vérité personnelle. Puissions-nous danser, un jour, tous ensembles sur l'arc-en-ciel de nos différences.

Grâce à cet amour et à cette sagesse, nous faisons Un avec nous et avec la vie. Cette sagesse et cet amour, si incompris et pourtant si puissant, vecteurs de toutes les possibilités, nous font vibrer du sens sacré de la vie : *lorsque l'unification se réalise, le passage céleste agit de tout son amour et de toute sa sagesse. Le sacré dévoile sa lumière, car c'est dans l'espace-temps de l'infiniment subtil, de l'invisible, de l'inexplicable que se joue l'ultime combat. Le vrai Budo, là où il n'y a plus à avoir de combats, plus rien ne devient ou ne cherche à devenir, car tout est déjà vivant, éternel. C'est à cet instant que l'esprit du Budo devient harmonie et que l'on danse avec la vie, Ki Yoga.*

C'est par cet amour et cette sagesse que nous pouvons libérer de son enfer ce monde de paix et d'harmonie que nous espérons. C'est un éveil, *satori*, possible et réalisable, c'est le but de notre existence.

Il n'y a pas plus grande puissance que la sagesse, plus grande force que l'amour. Celui qui cultive en son cœur sagesse et amour, sème en ce monde les fleurs de la vie. Celui-ci est un sage, celui-ci est un génie, celui-ci est un Maître.

Cette grande danse nous enseigne ainsi que l'élévation de l'âme n'est point être plus en se dissociant des autres, mais aller au plus profond de nous-mêmes en respirant l'inter relation de la vie.

Appliquons l'équation sacrée 1 et 1 = + que 2 = 1 (Un) dans toutes les sphères de la vie, cheminons ensemble vers l'éveil, allumons notre lumière du cœur et lors d'une douce nuit, il fera si clair sur la terre que la lune en sera tout éblouie. Et un bon matin, il fera si bon de vivre que le soleil en sera tout émerveillé, et nous danserons avec la Vie.

La grande danse de la vie porte en son cœur le secret de tous les secrets, le magnifique trésor qui est en nous, l'éveil de tous et chacun pour l'Éveil de la Vie.

Esprit guerrier devenu esprit d'éveil,
Esprit d'éveil au cœur de guerrier.
I shin den shin

Remerciements

Du *Samouraï de Lumière* au *Samouraï Moderne,* cette belle évolution résume assez bien l'esprit de ce Traité. Entre-temps, beaucoup de chemins se sont dispersés, mais le souvenir en mon cœur est resté. À tous ceux qui ont fait partie de l'aventure des livres *Samouraï de Lumière*, merci beaucoup.

Chère Marie-Rose de là où votre âme repose, recevez mes sincères remerciements.

Jacques Larouche, Michel Sévigny, Sylvie Longchamps, Annie Brunelle de tout mon cœur, mes amis, je vous remercie.

Une pensée sincère pour les docteurs Éric Dupont et Richard Béliveau et un merci spécial à Claude Paul pour son implication autant professionnelle que personnelle.

Monsieur Michel Random, ce traité porte en son cœur une empreinte de votre esprit. Paix à votre âme et sincèrement merci.

Béatrice, mon épouse, pour ta merveilleuse et inconditionnelle contribution, merci du plus profond de mon âme.

Et je remercie chaleureusement mon éditeur ainsi que son équipe, de croire en moi et en ce projet.

Table des matières

Pour contacter l’auteur

www.shindo-international.com
info@samouraimoderne.com

Achevé d'imprimer par Corlet, Imprimeur, S.A. - 14110 Condé-sur-Noireau
N° d'Imprimeur : 121478 - Dépôt légal : mai 2009 - *Imprimé en France*